QUEL ART ÊTES-VOUS ?

QUEL ART ÊTES-VOUS ?

Sandrine Miraculeux

© Sandrine Miraculeux, 2020.

ISBN : 978-2-491150-07-5

Couverture : Sandrine Miraculeux

Site web: https://sandrinemiraculeux.com

Livre du même auteur:

Artistes & culture: *et le chrétien dans tout ça ?*

Merci par avance pour vos commentaires *(sur mon blog, les réseaux sociaux, Amazon).*

À Toi, ma seule source d'inspiration…

SOMMAIRE

QUEL ART ÊTES-VOUS ?

Avant-propos

Alors que j'entamais le Tome 2 d' « *Artistes & culture : et les chrétiens dans tout ça ?»*, j'ai eu à cœur de commencer un *blog d'art*, en mai 2019. De cette manière, la création de **MIV Ministry** me permettrait d'être plus proche de mes lecteurs. Ce fut un vrai succès, puisque mes articles contribuèrent à leur édification. À tel point qu'ils eurent en cadeau de remerciement : le BEST OF BLOG !

Néanmoins, à la suite de la publication de tous ces articles, je m'interrogeais sur le ressenti de l'artiste *aujourd'hui*. À savoir : comment il se définit concrètement ? Quelle est son identité artistique ? Où il se positionne ?

Et puis, soudain, le souvenir d'une conférence, à laquelle j'avais assisté à Bruxelles, me vint à l'esprit.

QUEL ART ÊTES-VOUS ?

En 2004, un artiste-conférencier, lançait un signal d'alerte sur l'altération de l'art contemporain. Il sensibilisait son auditoire par cette question : *quel art est-il ?*

Pour appuyer son propos, il exposait des œuvres évocatrices, tel que **Les Époux Arnolfini,** peint en 1434, par **Van Eyck.** Sur cette toile, l'artiste flamand, illustre un riche marchand toscan **Giovanni Arnolfini** et son épouse, établis à Bruges. Ils sont représentés debout, dans leur intérieur flamand. Ce tableau glorifie le sacrement du mariage.

Sauf, que cinq siècles plus tard, cette toile remplie de symboles, fut repris par l'artiste contemporain **Benjamin Dominguez.**

Dès lors, pour le conférencier, l'artiste mexicain exposait aux visiteurs, une série de profanation !

Cet artiste-orateur, affirmait également, qu'aujourd'hui, l'artiste se bat contre Dieu (Ce point est développé dans le Tome 1 *« d'artiste et culture »*).

Suite à cette pensée furtive, une question m'est venue : *« Quel art je suis ? »*

QUEL ART ÊTES-VOUS ?

Bien que j'aie exploré la vie et les œuvres des artistes chrétiens célèbres, dans mes précédents ouvrages, j'ai souhaité aller plus loin, en abordant *le positionnement* de l'artiste sous un autre angle. Tel qu'une sculpture, que l'on contourne, pour en comprendre tous les aspects.

Cela dit, que vous soyez artiste ou amateur d'art, ce sujet reste encore à explorer.

Effectivement, en annonçant la date de la publication du livre, sur les réseaux sociaux, j'ai noté un vif intérêt et de vives réactions des internautes :

« Le génie n'existe pas, seul le don prime. Sans ce don, rien ne serait possible. Que ce soit en musique, en peinture, ou tout autre art qui touche, ne relève pas du génie d'un tel ou d'une telle, mais de quelque chose d'innée qui dépasse le commun des mortels, et touche par la grâce l'heureux élu, qui éblouira par sa manière de l'exprimer. Ce qui n'empêche pas, évidemment, d'être conquis par cet acte rare, qu'est l'art, et fleurit notre vie en l'enrichissant de ce que nous sommes bien capables de ressentir » de **PH.**

« ... Il importe alors, de former et d'aiguiser nos sens, nos émotions afin d'être un véritable amateur d'art

et d'éprouver grâce aux artistes de la joie profonde. Chaque œuvre d'art propose une rencontre intense, elle est source de reconnaissance de l'autre inconnu et si proche » de **JH** en réponse au commentaire de **PH**, qui riposte à son tour : « le ressenti ne s'improvise pas et crée des émotions. Je pense que l'art, c'est ça. Toucher cette fibre infime qui est en chacun de nous, mais ne vibre pas de la même façon, selon nos affinités profondes dont nous dépendons tous sans le savoir vraiment ».

L'échange entre les 2 protagonistes s'achèvera ici.

Puis, d'autres commentaire suivrons, comme celui d'**IS** : « Je m'excuse quand même de dire que nous ne nous limitons pas que par des raisonnements ou bien des forteresses mentales, mais parce qu'il faut nourrir sa famille. Dans une certaine mesure, si l'on veut se lancer dans l'art, il faut s'en donner les moyens : une totale liberté et pas d'engagements. ».

« L'art, c'est l'humain qui essaie de mimer Dieu en se faisant accroire que lui aussi peut créer. Mais l'humain ne crée rien, il façonne, d'une manière qui plaît à son œil, ce qui a déjà été créé . . . » d' **FRSB**.

QUEL ART ÊTES-VOUS ?

« Votre livre m'intéressera probablement. Je suis aussi artiste auteure. J'en termine un actuellement. Nous semblons être sur la même longueur d'onde » de **CD**.

Ce qui important de noter ici, c'est que le *positionnement de l'artiste* est un sujet dense et vaste à la fois.

Aussi, ayant le souci **d'être comprise de tous**, j'ai abordé ce sujet de manière simple, mais singulière. Car cet ouvrage est davantage une invitation à l'introspection plutôt qu'au débat. Je reste néanmoins, ouverte à toutes les remarques (à condition de rester respectueux et bienveillant).

D'ailleurs, vous remarquerez en lisant cet ouvrage, que des points fondamentaux, ont déjà été soulevés dans certains articles, publiés sur mon blog. Ainsi, vous retrouverez dans cet ouvrage des réflexions qui vous seront familières.

À défaut d'être sensible à l'art, ou de connaître votre médium artistique, ce livre est une invitation pour vous interroger sur votre positionnement en tant qu'artiste.

QUEL ART ÊTES-VOUS ?

À l'instar d'un de mes internautes, j'espère que cet ouvrage, vous encouragera à être plus assertif dans votre art:

« Je suis entièrement "MUSIQUE" ... Musique symphonique... Lorsque l'orchestre en entier est en branle vers un "climax" genre "mort d'Isolde", c'est une montée orgasmique totale puis un long état de bien-être planant à la descente... Quel bonheur........!!!!!!!!! (...) Pour moi la musique est beaucoup plus profonde que ça ... Elle seule, est capable de "parler" directement à l'âme humaine... Son langage est unique et touche à l'absolu de la perfection... Elle seule, nous permet d'atteindre les sommets inaccessibles de la conscience universelle...» de **JAV**.

Introduction

Quel artiste sommeille en vous ?
Dessiner votre maison idéale, personnalisée vos vêtements, ou encore re-décorer votre intérieur à votre goût… Vous vous en sentez incapable ? Selon les auteurs Philip Carter et Ken Russell, chacun d'entre nous est doté d'une part créative, régie par l'hémisphère droit de notre cerveau. Celui-ci contrôle en effet le raisonnement dans l'espace, le goût artistique et la pensée créative. Nous sommes donc tous des créateurs potentiels. Mais à moins d'essayer, nous ignorerons toujours ce dont nous sommes capables.

L'art vous intéresse, mais ce n'est pas votre priorité ?

En effet, vous ne manquez pas d'intérêt pour ce qui touche à l'art, mais vous n'avez jamais eu l'occasion d'exprimer votre sensibilité, dans ce domaine.

Néanmoins, vous connaissez bien le monde artistique, d'un point de vue théorique. Par conséquent, vous devriez vous lancer, ainsi vous vous découvrirez peut-être des talents cachés.

De ce fait, nous sommes tous concernés par ce qui ressemblerait au « syndrome de l'imposteur ». Car, même en tant qu'artiste émergent, il m'a fallu du courage pour démarcher les galeries d'art parisiennes.

Vous manifestez peu d'intérêt, pour tout ce qui touche à l'art ?

Vous êtes probablement très cartésien. Pour vous, l'art est une *lubie*, une perte de temps. Pourtant, il peut vous apporter des expériences enrichissantes et vous permettre de découvrir chez vous des talents cachés.

Suite à la parution de l'article : « Église : aimez vos artistes chrétiens ! », un ami au tempérament rationnel, mais au potentiel *fantaisiste*, m'a partagé ceci : « *ton texte est très bien écrit, Sandrine. Ce que je voulais te partager suite à sa lecture, c'est que ton atelier* art, *au sein de SFC Bruxelles,* **m'a donné beaucoup de joie** *et* **permis de m'exprimer d'une autre façon**. *Merci pour ce que tu fais et ton implication dans Son église* ».

Ainsi, l'art est un champ nouveau, qui attend ardemment que vous l'exploriez. En favorisant des attraits différents et des idées nouvelles, vous pourrez exploiter votre potentiel artistique, que la plupart laissent inexploité.

Vous avez l'âme d'un artiste ?

Votre compréhension de notre monde est aussi pertinente qu'étendue. Vous voyez de la beauté dans des endroits plutôt inhabituels. Si vous ne l'avez pas déjà fait, vous devez **sonder** et **exploiter** votre fibre artistique.

Effectivement, il y a encore 20 ans, j'étais autodidacte. Ainsi, avant de commencer des études d'art, j'avais découvert mes dons créatifs. Par conséquent, je n'ai pas appris à sculpter à l'académie des Beaux-arts. Pourtant, j'ai saisi les possibilités qui m'étaient offertes, pour être plus libre dans mon expression artistique, en me dirigeant vers des courants plus contemporains.

Quoi qu'il en soit, nous avons tous un degré de créativité ! Ainsi, j'ai pensé à vous en concevant une **"formation créative"**, afin de libérer votre potentiel artistique[1].

En attendant, j'espère que ce livre vous édifiera.

Bonne lecture !

---

[1] *Texte librement inspiré du test réalisé, par Philip Carter et Ken Russell.*

Êtes-vous un artiste ?

Si cette question est familière pour mes lecteurs, le contenu le sera davantage. En effet, c'est une réflexion que j'ai déjà publiée sur mon blog art.

Comme je l'ai annoncé dans l'introduction, cet ouvrage contient des réflexions similaires aux publications parues sur **MIV Ministry**. D'autant plus, elles sont du même auteur.

Ainsi, tel qu'un *fil rouge,* j'oriente le lecteur vers une introspection tout en excluant de sa pensée, le *déjà lu.*

Parfois, on pense bien se connaître, et puis confronté à certaines situations, on se découvre des traits de caractère, des émotions ou des attitudes qu'on n'avait jamais soupçonnées auparavant.

QUEL ART ÊTES-VOUS ?

Cela me rappelle, des saisons de ma vie, ou je pensais que l'inspiration *me venait* uniquement par des flashs ou des rêves. Puis, passé 25 ans, j'ai découvert que ma créativité pouvait être provoquée, par mon investigation. Quelques années plus tard, je me suis trouvé plus vulnérable, moins confiante. En panne de nouvelles idées, le doute m'habitait, j'ai fini par remettre en cause la pertinence de ma vocation artistique.

Seulement, en analysant les causes de cette confusion, et en mettant en pratique les conseils de **Steven Pressfield** (auteur de *la guerre de l'art*), j'ai expérimenté les bienfaits de la discipline artistique : une vraie pépinière de bonne idée. C'est fou, ce qui peut sortir de son esprit, quand on s'oblige à écrire tous les jours !

Dès lors, je vous encourage à découvrir ou à redécouvrir, ce texte consciencieusement, de même que les personnes qui ont répondu à mon sondage sur Twitter.

À la question : *Etes-vous un artiste ou non ?* 42 % des intéressées ne s'estiment pas être artiste contre 50 %, dont 8 % qui ne savant pas vraiment… Intéressant n'est ce pas ? Et vous, êtes-vous un (vraiment) artiste ou non ?

QUEL ART ÊTES-VOUS ?

Si vous faites parti des 8 %, vous êtes dans la même position où j'étais un soir d'hiver. Allongée sur mon canapé, je m'interrogeais sur ma destinée, dans ce monde. Une question me préoccupait : *« Je suis une artiste ou non ? »*. Cette épigraphe qui illustre la coque de mon Smartphone, amuse généralement mes interlocuteurs. Comme Jésus face à ses disciples, leur demandant, sans douter : « Qui dites-vous que je suis ? ».

Or, un artiste, c'est quoi ?

Par définition, un artiste est une personne qui se voue à l'expression de l'esthétique, et qui pratique l'art.

D'autres définiront l'artiste comme celui qui fait une œuvre, qui maîtrise un art, un savoir, une technique et dont on remarque la créativité, et l'originalité de sa production, de ses actions, et de sa gestuelle.

Enfin, ses œuvres sont pour le public, une source d'émotions, de sentiments, de réflexion, de spiritualité, ou d'élévation.

L'artiste d'un point de vue spirituel...

QUEL ART ÊTES-VOUS ?

Lors d'une série d'enseignement, sur les *12 dons vocationnels*, un pasteur définira d'abord l'artiste, comme un être doté d'un don de créativité.

Après une longue introduction, il ajouta ceci :

" *Qui sont véritablement les artistes ? Ce sont les gens qui manifestent l'expressivité de Dieu ! Cela peut être un chanteur, cela peut être un musicien, un danseur, un sportif... Toute forme d'expression, toute forme de créativité est une manifestation de la personnalité de Dieu (...) en écoutant la voix de* **Sandi Patty**, *le public disait : « Je ne vais pas à l'église, mais à chaque fois qu'elle chante, elle me rapproche de Dieu* ".

L'artiste un phénomène d'attraction spirituel ?

Bien que l'art et le prosélytisme n'aient pas toujours fait bon ménage, il y a effectivement dans la créativité, une expression de l'ordre du divin.

En effet, nous constatons ce phénomène, avec des artistes tel que **:** **Mark Walberg**, **Denzel Washington**, **Justin Bieber**, et récemment le leader du Sunday service, **Kanye West**, qui attire plus d'1,2 M vues.

QUEL ART ÊTES-VOUS ?

Converti à Christ depuis quelques mois, **Yeezus** publie en *octobre 2019 : Jesus Is King*, un album de hip-hop chrétien. Aux Etats-Unis, l'album a été numéro 1 au sommet des albums Billboard 200, Top Albums R & B / Hip-hop, Top Albums rap, Top Albums Chrétiens et Top Albums gospel !

Suite à l'apparition de l'artiste avec sa chorale, en novembre 2019, à l'église Lakewood (dont le pasteur principal est **Joel Osteen**), ils ont vendu des milliers de billets gratuits, en moins de 10 minutes, selon les médias de Houston.

Effectivement, le charisme de l'artiste quel qu'il soit, manifeste dans le cœur des hommes, la pensée de l'éternité (Ecclésiaste 3 : 11).

Quoi qu'il en soit, le prédicateur, poursuivi en disant : « *Ainsi, Dieu veut s'exprimer parmi nous. Mais il y a des gens qui empêchent l'expression du génie, de la créativité. A l'instar, d'un peintre qui peint un ouvrage, et dont la peinture est sabotée… C'est comme si on arrachait son cœur ! Dieu veut s'exprimer par votre intermédiaire. Quand Dieu créa le ciel et la terre, il s'est exprimé par la créativité* ".

Finalement, il conclut sa prédication, par cette affirmation : *Dieu est un artiste ! Qu'est-ce qui fait qu'un être humain soit différent de tous les autres :*

c'est sa créativité ! Votre force est dans la créativité. Si tu vois un homme habile dans son ouvrage, il se tient auprès des rois. Il ne se tient pas auprès des gens obscurs ».

Vous avez de la valeur aux yeux du Créateur !

Evidemment, Jésus n'avait aucun doute sur son identité. Pleinement convaincu de qui Il était, Il voulait juste sonder le cœur de ses disciples. Alors, Pierre lui répondit, par cette révélation *: « Tu es le Christ, le fils du Dieu vivant ! ».*

En revanche, comparativement à **Gédéon** ou **Moïse**, trop conscient de nos faiblesses, nous doutons de notre vocation.

L'été dernier, en faisant du rangement, j'ai retrouvé ce texte de **Renate Frey**.

Il prend soin de toi. Il te connaît. Tu marches sur les routes du monde, dans l'indifférence la plus absolue. Nul ne te connaît vraiment (en tant qu'artiste), anonyme au sein de la masse, comme un grain de sable roulé par la mer. Et pourtant, ton père est là, ton berger qui te connaît. Il est présent avec toi depuis ton enfance, comme dans toutes les étapes de ta vie. Lui entend ta voix au sein de milliards de voix. Il te connaît, avec tes faiblesses, mais aussi avec tes forces.

Et même si tu te retrouves le dernier des derniers, (artiste ou pas) Il te connaît. Même si tu penses qu'Il t'a complètement oublié, si tu es seul, malade, âgé, désespéré. Même si tu as décidé de lui tourner le dos et que tu suis obstinément ton propre chemin, Il te connaît. Pour lui, ce que tu es, a de l'importance. Le Seigneur est ton berger dans l'anonymat de la masse de personne qui t'entoure ». Il est le bon berger. Il prend soin de toi.

Dès lors, je fus réconforté sur ma valeur, dans le regard du plus grand artiste, que le monde puisse connaître !

Artiste / Mentor, la puissance de la connexion divine !

Je suis une artiste qui vit ses rêves et non une artiste qui rêve sa vie.

Bien que, j'ai une forte personnalité, la reconnaissance de mon Créateur, et de mes paires, reste un élément puissant de motivation !

Considérons par exemple, la sortie de mon premier livre en mai dernier, qui fît un bon démarrage, mais qui ne rencontra pas le succès escompté (pour l'instant!).

Malgré cette réalité, oubliant ce qui est en arrière, j'ai dû me porter vers ce qui est en avant : l'écriture du deuxième Tome. Même si, les prémices d'un succès auraient été encourageantes !

Mais en réalité, les voies de Dieu ne sont pas nos voies, et Ses pensés ne sont pas nos pensées. Autant les cieux sont élevés au-dessus de la terre, autant Ses voies sont élevées au-dessus de nos voies, et Ses pensées au-dessus de nos pensées.

Ainsi, si le grain de blé tombé en terre ne meurt pas, il reste seul ; mais s'il meurt, il porte beaucoup de fruit.

Les principes pour découvrir votre vocation artistique, inspirés du manuel d'enseignement de *la vie chrétienne pratique* (volume 3), de P.PEDRO :

> 1- Votre vocation *artistique* se trouve cachée derrière quelque chose que vous pouvez faire tout le temps, sur du long terme.

> 2- Votre vocation est révélée par quelque chose que vous aimez beaucoup.

3-   Votre vocation est révélée par quelque chose que vous ne supportez pas, que vous détestez et que vous voulez résoudre.

4-   Votre vocation *artistique* est une chose de laquelle vous pourrez vivre.

5-   Votre vocation est quelque chose qui requiert des talents que vous êtes capables de développer.

6-   Votre vocation est quelque chose dont les autres autour de vous ont besoin.

7-   Votre vocation vous attirera vers des personnes qui ont la même vocation que vous.

8-   Votre vocation *artistique* est quelque chose qui vous donnera une grande envie de vous investir.

9-   Votre vocation est quelque chose qui ne vous éloignera jamais de Dieu. Au contraire, cela vous rapprochera forcement de Dieu.

La confiance en soi, en Dieu !

QUEL ART ÊTES-VOUS ?

De ce fait, suite à une longue analyse introspective, durant l'été 2019, je décidais de méditer sur Le pouvoir de la confiance en soi, de **Brian Tracy**.

Dès lors, je devais suivre les instructions suivantes :

1- Faire la liste des 3 personnes vivantes ou mortes, avec lesquelles j'aimerais le plus, passé un après-midi.

2- Ecrire, pourquoi j'aimerais passer un après-midi en compagnie de ces personnes ?

3- Noter, ce que je leur demanderais ou de quoi je parlerais avec elle ?

4- Expliquer, pourquoi ces 3 personnes voudraient passer un après-   midi avec moi ?

Je me souviens avoir choisi de manière non-exhaustive : **Michel-Ange, Anish Kapoor, Nelson Mandela** et/ou **Martin Luther-King**.

Parce qu'ils seraient capables de répondre à mes questionnements. Par exemple, la façon dont ils me perçoivent en tant qu'artiste ? Comment, ils évaluent mon parcours ? Est-ce que je fais fausse route ? Qu'est-ce qu'ils me conseilleraient dans ce cas ? Etc.

Durant cet échange, nous aurions passé un bon moment. Parce qu'en toute humilité, je suis d'une compagnie agréable. Ils ne s'ennuieraient pas avec moi. Nous ferions des débats d'idées, nous parlerions de culture, de nos expériences de vies...

Un mentor artiste ?

Aussi, loin que je m'en souvienne, ce besoin insatiable de me connecter à un mentor artiste, à toujours été mon désir. Bien que, j'eu de bons référents spirituels, jusqu'à présent, je n'en n'ai jamais trouvé dans mon champ artistique.

Tel que **C.G Jung** vis-à-vis de **Freud**, ou de **Gandhi** à **Tolstoï**, je reste convaincu, que nous avons tous besoin d'un mentor, ne serait-ce que pour un temps. Pionnier ou pas, personne ne s'est fait tout seul.

En attendant cette connexion divine, je me suis imaginé à travers le tome 2, d'**« Artistes & culture »** : des entrevues, des entretiens, et des discussions avec des artistes, des leaders et des mentors, que je me suis choisie.

Amis artistes, n'abandonnez pas votre assurance à laquelle est attaché une grande rémunération !

Alors, je vous interroge de nouveau : *« vous êtes artiste ou pas ? »*

Suite à un deuxième sondage que j'ai proposé en ligne : 82 % des internautes considèrent, l'art comme un moyen d'expression.

Effectivement, on peut développer un art ou créer, pour des raisons très diverses, des motivations inconscientes, souvent impossibles à définir.

Alors au fil de votre lecture, composez vous-même sur la toile, le portrait de l'artiste qui sommeille en vous... Que les racines de vos élans créatifs, réalisés ou rêvés vous soient révélées !

Créer, c'est communier

À première vue, l'art de créer constitue pour vous un univers privilégié, un monde à part, loin, très loin du monde réel. C'est un monde magique dans lequel vous aimez plonger. Vous trouvez dans cet endroit merveilleux une sensation d'absence de limites, d'osmose, ainsi qu'un sentiment de possible...

Effectivement, ce qui est avant tout recherché ici, c'est l'harmonie, la fusion parfaite et entière avec l'art pratiqué.

Violoniste ? Vous cherchez à ce que le violon vous livre tous ses mystères et à ce qu'il devienne le prolongement parfait de votre propre main, sans distinction ni séparation.

Sculpteur ? Vous concevez l'argile comme une seconde peau, un second corps avec lequel s'unir... Vous attendez ainsi une sorte de véritable relation amoureuse avec votre art qui devient peu à peu le plus parfait des amants, la plus subtile des maîtresses...

Comme Fabrice Luchini ?

L'univers artistique est aussi associé pour vous à l'idée de refuge possible, de cocon. Comme l'expliquait le psychanalyste **D.Anzieu**, il est comme " *un environnement maternel stimulant, séduisant, enrichissant et soutenant* ".

Vous y voyez la possibilité d'une relation symbiotique, fusionnelle, qui permet de se retrouver dans un monde sans heurt, un monde bienveillant qui rassure. Il y a là quelque chose de l'ordre de la quête d'un amour total et parfait...

On pourrait penser ici à un **Yehudi Menuhin** en pleine communion avec son violon, à un **Fabrice Luchini** goûtant avec délices aux plaisirs de la diction ou encore à la calligraphe **Fabienne Verdier** recherchant sans cesse " l'unique trait de pinceau "... Pour vous, créer et être artiste, c'est donc avoir cette chance unique et magnifique de ne faire qu'un avec son art, et de pouvoir s'y baigner tout entier, d'en être inondé.

Vous semblez ainsi plus facilement attiré par des arts appelant de la douceur, de la subtilité, de l'harmonie et de la patience...

Créer, c'est s'exprimer

Pour vous, l'art est avant tout un moyen d'expression : il constitue un médiateur privilégié entre le dedans et le dehors. Il vous permet d'organiser un monde intérieur aux émotions souvent vives, en leur faisant prendre corps.

En effet, l'important pour vous est de pouvoir créer, extérioriser, voire littéralement évacuer toutes ces émotions. Vous avez en quelque sorte besoin de les toucher, de les regarder concrètement, et pour cela, vous recherchez à travers la création un moyen de les canaliser et de les "accoucher".

Autrement dit, les désirs ou les angoisses sont ainsi façonnés. Car les garder au-dedans créé chez vous une tension qui se trouve enfin apaisée dès lors que l'extériorisation a eu lieu.

Un tel fonctionnement demande un Moi suffisamment fort, pour ne pas se laisser submerger et donc envahir par un monde pulsionnel puissant et chaotique, et pour être en mesure d'inscrire l'élan créatif dans la réalité, et donc de pouvoir l'intégrer.

Comme Jean Dubuffet ?

L'art est donc ici principalement *cathartique*. Il relève d'un besoin profond, d'une pulsion créatrice presque primaire, archaïque, telle qu'on peut la trouver dans l'Art brut principalement, mouvement créé par le peintre et sculpteur **J.Dubuffet**, mais aussi de façon plus modulée dans certains solos de guitare de musiciens tel **Eric Clapton** ou **Gary Moore** par exemple.

Ainsi, créer est pour vous la chance de pouvoir donner forme à un ressenti, à des territoires personnels très profonds, bruts et inorganisés. Pour ces raisons, vous êtes plus volontiers attiré par des arts presque physiques, qui mobilisent vos tripes, et qui allient spontanéité, force, liberté, puissance, ou encore mouvement...

Alors un seul conseil : poursuivez votre route sur cette voie royale d'expression qu'est l'Art, en veillant toujours à créer du lien avec l'extérieur afin que les autres puissent profiter et s'enrichir de la spontanéité de vos œuvres...

Créer, c'est communiquer

Vous semblez concevoir l'art comme un moyen d'aller vers les autres, mais riche d'un plus, d'un petit quelque chose qui fait que vous n'avez plus la sensation d'être nu face à eux. Créer, est pour vous une manière de s'inscrire dans la société, dans une communauté. Il est en quelque sorte cette partie de vous-même communicable et communicante...

Considéré de la sorte, l'art a chez vous toute sa place et sa fonction d'objet transitionnel. Il est le matériel de base qui va rendre possible l'édification d'un pont entre vous et autrui, et en ce sens, vous ne pouvez concevoir un art totalement solitaire, sans rapport avec d'autres, voire évidemment avec un véritable public. Vous avez en effet besoin du regard et encore plus de l'appréciation des autres.

L'art que vous leur présentez est un peu comme votre bébé, et vous êtes très sensible aux critiques possibles. Vous savez que l'artiste porte son œuvre, mais doit accepter de s'en séparer afin que celle-ci puisse vivre son histoire.

Cette séparation, ce deuil en quelques sortes, est alors à la fois désirée en même temps que fortement redoutée...

Comme Marilyn Monroe ?

Votre créativité vous permet (ou permettrait) avant tout de vous sentir en lien. Dans ce mouvement, on trouve ici un désir d'exhibition qui vise à donner un support à la relation. Cela permet de montrer le meilleur de soi, ou parfois l'artificiel, selon les situations. En tous les cas, cela présente l'avantage de pouvoir cacher discrètement les failles, de les maîtriser !

Ainsi, on est ici dans l'attente d'une reconnaissance, par l'Autre du beau en nous. Créer, telle que **Marilyn Monroe**, **Johnny Hallyday** ou encore **Muriel Robin**. Votre attirance artistique est donc plus volontiers orientée vers les planches des salles publiques, que vers les coulisses de vos méditations intérieures (dont vous, vous servez aussi cependant).

QUEL ART ÊTES-VOUS ?

Allez ! Entrez en scène, afin que le show de votre vie commence ...

Communiquer, s'exprimer, communier... Alors, quel artiste êtes-vous ? Pour le savoir réellement, passer un petit test sur *monpsychologie*[2].

---

[2] Les 6 derniers paragraphes, sont librement inspirés par Psychologies.com

QUEL ART ÊTES-VOUS ?

QUEL ART ÊTES-VOUS ?

Êtes-vous un artiste autodidacte ou hétérodidacte ?

Des fondements en histoire de l'art : quelle utilité pour les artistes ? Parce qu'on ne bâtit pas sur du sable, mais sur le roc !

En effet, il est utile de connaître les bases de l'histoire de l'art, car un manque de connaissance vous mettra dans une position délicate lors de vos échanges, et a contrario cela vous permettra d'aller plus loin dans votre travail. C'est pour cela qu'à travers d' *« Artiste & culture : Et le chrétien dans tout ça ? »*, j'ai souhaité influencer, édifier et impacter les artistes. Faisons un petit tour d'horizon pour approfondir mon propos !

QUEL ART ÊTES-VOUS ?

Quatre ans avant d'entrer à l'Académie royale des Beaux-arts de Bruxelles, en 2004, j'avais produit **HOPE**.

C'est cette sculpture qui a permis de valider mon admission.

En amont, j'avais également des notions d'architecture d'intérieur, néanmoins l'école des Beaux-arts m'a ouvert des horizons nouveaux.

En somme, comme je l'ai dit précédemment, avant les Beaux-arts, j'étais autodidacte. Je n'ai pas appris à sculpter à l'académie.

Cependant, j'ai saisi les possibilités qui m'étaient offertes, pour être plus libre dans mon expression artistique, en me dirigeant vers des courants plus contemporains.

Ainsi, vous devez avoir un minimum de culture en histoire de l'art pour indiquer dans quel courant artistique vous vous positionnez.

Se cultiver c'est continuellement se développer, s'éduquer, s'instruire, se former, se perfectionner avant de s'exposer.

« Artistes & culture » n'est pas juste un simple livre d'histoire de l'art. Il est jalonné par la rubrique *« Et le chrétien dans tout ça ? »*, qui présente le parcours d'artistes chrétiens célèbres, qui ont marqué leur époque et la nôtre.

Pourquoi un livre d'histoire de l'art chrétien ?

J'ai remarqué que de nombreux artistes chrétiens manquaient de connaissance en histoire de l'art.

Si nous ne tarissons pas d'éloges sur les ornements des cathédrales, les fresques ou les enluminures qui témoignent d'un riche passé, c'est que nous admettons tous que le christianisme a toujours eu un impact dans l'histoire des arts. Pourtant, le rôle qu'ont joué les artistes chrétiens au cours de l'Histoire, a été passé sous silence par la société.

De **Michel-Ange**, à **Rembrandt**, il s'agit ici de mettre en lumière la singularité d'artistes chrétiens convertis et non religieux.

En effet, une personne convertie, se définit par sa rencontre personnelle avec Jésus. On dit dans le jargon chrétien, « qu'elle a donné son cœur à Jésus ».

Selon, Ézéchiel 36.26-27, il est écrit : « ... *Je vous donnerai un cœur nouveau, je mettrai en vous un esprit nouveau ; J'ôterai de votre corps le cœur de pierre, et je vous donnerai un cœur de chair. Je mettrai mon esprit en vous, et je ferai en sorte que vous suiviez mes ordonnances, et que vous observiez et pratiquiez mes lois... »*.

Ainsi, être réellement chrétien, ce n'est pas adopter un comportement dit religieux. De manière intrinsèque, la vie d'une personne, dont la foi a changé, est radicalement transformée. Elle porte les fruits de l'amour, de la joie, de la paix, de la patience, de la bonté, de la bienveillance, de la fidélité, de la douceur, et de la tempérance (Galates 5.22-23). Contrairement, aux religieux, qui eux, suivent uniquement des ordonnances, observent et pratiquent des lois.

De l'histoire de l'art, sans dénomination.

Le but n'est pas de créer des confusions ou d'ouvrir les hostilités entre les différentes sensibilités chrétiennes, mais d'interpeller les artistes chrétiens, les croyants, et les non-croyants à l'histoire de l'art et l'art visuel d'inspiration spirituelle. Remarquez bien, aucune dénomination n'est mentionnée dans la Bible, si ce n'est simplement Dieu, Jésus, et le Saint-Esprit au sein d'une Église !

Dans le Nouveau Testament, le Sauveur a été envoyé dans le monde, par le Créateur du ciel et de la terre, pour mourir à la croix pour TOUS les pécheurs. Après Sa résurrection, Il nous a laissé à nous, croyants, son Esprit, le Consolateur.

« Il n'y a de salut en aucun autre ; car il n'y a sous le ciel aucun autre nom qui ait été donné parmi les hommes, par lequel nous devrions être sauvé » Actes 4.12.

Ainsi, Dieu veut que TOUS les hommes soient sauvés et parviennent à la connaissance de la vérité (1 Timothée 2-4).

En Christ, nous sommes un !

Alors que vous lisez un extrait de mon premier livre, ne vous demandez pas de quelle confession est son auteure, car Jésus n'est pas une religion ! Ce qui importe c'est que je porte Son nom depuis que j'ai cru en lui : chrétien (du mot grec *khristianos*: disciple du Christ).

QUEL ART ÊTES-VOUS ?

En 1 Corinthiens 1.11 à 13, il est dit: *« Car, mes frères, j'ai appris à votre sujet, par les gens de Chloé, qu'il y a des disputes au milieu de vous. Je veux dire que chacun de vous parle ainsi : Moi, je suis de Paul ! Et moi, d'Apollos ! Moi, de Céphas ! Et moi, de Christ ! Christ est-il divisé ? Paul a-t-il été crucifié pour vous, ou est-ce au nom de Paul que vous avez été baptisés ? »*

En Christ nous sommes unit ! *« Ainsi, nous qui sommes plusieurs, nous formons un seul corps en Christ, et nous sommes tous membres les uns des autres »* Romains 12.5.

Histoire de l'art vs Christianisme ?

« Artiste & culture : Et le chrétien dans tout ça ? » est fait pour être lu par tous ceux qui aiment la vérité, la connaissance, l'art et la culture !

En Osée 4.6, il est écrit : *« Mon peuple est détruit parce qu'il lui manque la connaissance »*, et dans le livre de Jean 8.32, il est dit : *« Vous connaîtrez la vérité, et la vérité vous rendra libre ».*

Bien qu'à l'origine ces versets concernent l'Évangile, on peut également se l'approprier dans divers domaines: spirituel, physique, émotionnel, familial, professionnel, matériel... Ici, il s'agit de la connaissance en histoire de l'art.

Ainsi, je crois que vous êtes des lecteurs avec un esprit ouvert pour connaître la vérité.

C'est l'heure de vérité !

Pourquoi une telle indifférence, vis-à-vis de l'histoire de l'art ?

Au cours des siècles, les chrétiens issus des divers courants du protestantisme ont progressivement négligé l'histoire de l'art, l'art visuel tel que la peinture, la sculpture contemporaine, le dessin, les installations, l'art vidéo... et ont privilégié l'art musical, résolument investi par le gospel dans la musique chrétienne.

Sous prétexte qu'en Deutéronome 5.8, on peut lire : *« Tu ne te feras point d'image taillée, de représentation quelconque des choses qui sont en haut dans les cieux, qui sont d'en bas sur la terre, et qui sont dans les eaux plus bas que la terre »*.

Par conséquent, en voulant obéir au commandement de Dieu, les églises protestantes réformées de l'époque, ont rejeté toutes les représentations d'images idolâtres (le Jésus sculpté sur une croix, la Vierge Marie, Saint-Pierre …), qui ornaient les murs des églises catholiques, et ont totalement dépouillé ces édifices, de toute ornementation. Et ce rejet de l'histoire de l'art, s'est installé dans nos mentalités, jusqu'à présent.

Bien qu'à l'origine, ce n'était pas une mauvaise initiative, au contraire.

Néanmoins, cette radicalité, a totalement fermé la porte à tout mode d'expression artistique. C'est comme si une partie de notre cerveau avait subi une lobotomie.

Un renouvellement de l'intelligence, une nouvelle mentalité.

Bien que **Martin Luther** ait rendu la Bible accessible à tous, en la traduisant en Allemand, et que depuis, la Parole a été traduite dans d'autres langues, les écritures doivent être lues avec sagesse ! En d'autres termes, attention aux interprétations erronées.

Malheureusement, la liste des mauvaises tournures d'esprit, ne concerne pas que l'histoire de l'art. Adolescente, je me souviens encore de ces femmes chrétiennes, à qui l'on interdisait de prêcher à l'église, ou de porter des bijoux et des pantalons, et qui devaient couvrir leurs cheveux, tout ceci, pour respecter les instructions que Paul avaient partagées à l'église de Corinthe (notamment en 1 Corinthiens 14.34).

Alors que nous savons très bien, qu'a l'église de Corinthe, il y avait beaucoup de dérives (pas que féminine d'ailleurs), et que Paul avait dû leur imposer des restrictions dans un contexte bien précis.

Moïse, le premier directeur artistique ?

Ainsi, bien que l'homme n'ait jamais vu Dieu, il a toujours été tenté de le représenter. Du temps de **Moïse**, les autres peuples de l'époque avaient des dieux qu'ils représentaient par la sculpture ou la peinture, notamment en Égypte.

Toutefois le Créateur du ciel et de la terre, ne voulait pas qu'un homme le réduise à une vulgaire image, ou une représentation quelconque. Omniscient, il savait que le cœur de l'homme se détournerait de Lui, pour idolâtrer une image fabriquée. Dieu voulait que son peuple Le connaisse pour ce qui Il est : LE CRÉATEUR et plus encore !

Aussi, pendant que **Moïse** recevait la première version des tables de la loi en Exode 20, Dieu lui donna en Exode 31, les instructions pour construire le tabernacle et lui partagea le nom des artistes qu'Il s'était choisi pour faire toute l'ornementation du tabernacle.

Parallèlement à ce concept d'art visuel et scénographique, le peuple d'Israël, lassé d'attendre le retour de **Moïse**, fabriquait un veau d'or en Exode 32.

Dès lors, bien que des progrès aient été amorcés, au cours de l'histoire de l'art, les chrétiens ont encore du retard dans le champ de l'art visuel.

Mon message est bienveillant. Il n'est pas fait pour culpabiliser ou juger, mais pour révéler cet état spirituel en tant que chrétien et encourager les artistes qu'il soit chrétien ou pas !

Histoire de l'art et production.

Il y a-t-il parmi vous des artistes formés pour produire des œuvres inspirées de Dieu ? Et si oui, vos œuvres ont-elles du contenu en histoire de l'art ? Avez-vous un discours artistique, spirituel et culturel ? En somme, êtes-vous prêt ?

QUEL ART ÊTES-VOUS ?

Revêtons-nous de tout ce qui est nécessaire, pour exceller dans notre don. Efforçons-nous de bien représenter le Seigneur sur la terre. Soyons de ceux, qui influencent le monde avec de vraies valeurs, avec des œuvres inspirées par l'Esprit de Dieu. Ne négligeons pas l'histoire de l'art, ne pratiquons plus l'amateurisme !

Ainsi, je souhaite partager mon manuscrit avec le plus grand nombre. « Artiste et culture » est simple à lire. Il vous initiera à l'histoire de l'art de manière singulière. Vous découvrirez comment des artistes chrétiens d'avant-garde ont marqué leurs temps et le nôtre.

Ce livre est aussi un guide synthétique, qui couvre la période de la Renaissance à l'art contemporain.

C'est enfin, un premier pas vers l'art. Une base et un fondement pour votre culture générale.

Des lanceurs d'alerte de l'histoire de l'art ?

Dans la littérature chrétienne, de rares livres d'art d'avant-garde ont été écrits par des auteurs chrétiens, tel que :

QUEL ART ÊTES-VOUS ?

- le Docteur **H.R. Rookmaaker** auteur de *L'art moderne et l'art d'une culture.*

- le Docteur **Francis Schaeffer** auteur d'*Art and the Bible.*

- le journaliste **Steve Turner** auteur de *Imagine.*

Ces pionniers ont été des donneurs d'alerte, connaissant l'importance que l'histoire de l'art représentait dans le cœur de Dieu. Aujourd'hui, ils demeurent des éclaireurs, des grands frères et des pères spirituels pour les artistes chrétiens.

Toutefois, s'ils ont été des précurseurs à la fin du XXe siècle, leurs signaux d'alarme ont comme été effacés, de la mémoire des chrétiens aujourd'hui.

Vous ne trouverez guère leurs ouvrages sur les étagères des librairies chrétiennes *(CLC, 7ici…)*, contrairement aux multiples écrits consacrés aux revivalistes tel que **Martin Luther**.

Cette impopularité littéraire de l'art dans le milieu chrétien, est certainement due à la pénurie des auteurs traitant sur ce sujet.

Que nous importe, ces auteurs ont marqué leurs temps. Ils ont jeté un premier pavé dans la mare, à nous de continuer !

En écrivant en 1975, L'art moderne et la mort d'une culture, le **Dr H.R. Rookmaaker** répondait aux besoins essentiels des jeunes artistes chrétiens, et soulevait déjà ce problème culturel, intellectuel et spirituel.

Son ouvrage fut dédié aux artistes chrétiens éreintés et décontenancés par les paradoxes auxquels ils étaient confrontés.

En d'autres termes, **Rookmaaker** fut inspiré pour parler de l'histoire de l'art moderne, pour communiquer avec lucidité sur la signification et sur les rapports de la création artistique avec le contexte culturel contemporain.

Êtes-vous en carence culturelle ?

Artiste ou pas, chrétien ou non, vous reconnaissez-vous comme un profane en histoire de l'art ?

Artistes, êtes-vous tentés de prendre des raccourcis, pour entrer dans votre vocation, sans vous former ?

Ou bien, marchez-vous dans la voie de la facilité avec l'espoir d'arriver sur le trône (la gloire) sans passer par le trou (l'enseignement) ?

Dieu travaille-t-il ainsi ? Ne pose-t-Il pas les fondements « solides » en Christ, avant de bâtir dans votre vie ?

Mon appel, ma vocation, ma destinée...

Personnellement, j'ai grandi dans la foi chrétienne depuis l'âge de 10 ans, j'ai donné ma vie à Christ en 2000, et je suis passée par les eaux du baptême en 2001. Quelques mois après mon baptême, il y avait une frustration dans mon cœur.

Bien que, j'étais zélée pour faire avancer le royaume de Dieu, je constatais que, malgré une croissance spirituelle dans une église vivante, les possibilités de servir Dieu étaient restreintes.

C'est-à-dire qu'en dehors de l'école du dimanche, de la louange, des réunions de jeunes, du bricolage, de la librairie, de l'intercession, et du ménage, il n'y avait pas d'autres champs d'intervention.

J'étais ravie de faire le ménage à l'église, certes, mais frustrée de voir la pénurie de services, dans mon église, qui m'avait vue naître et grandir spirituellement.

Par un concours de circonstance, je me souviens avoir changé d'orientation après mon Baccalauréat (sciences médico-sociales), pour répondre à l'appel de Dieu, en marquant l'histoire de l'art, de mon empreinte.

À partir de ce jour-là, j'ai couru dans la carrière qui m'était ouverte.

Depuis ce jour, ma ligne de conduite a été de servir Dieu, dans mon don, avec excellence !

Développez vos connaissances, en histoire de l'art !

Nous avons tendance à compter trop sur le Saint-Esprit pour faire ce que nous n'avons pas le courage de faire, sous prétexte que Dieu donne les dons ! Je me permets de rappeler que même les dons innés, doivent être cultivés. On parle ici du processus de croissance et du développement.

Je m'explique… Alors que j'assistais à un groupe de prière en tant que leader, mon responsable exhortait un jeune garçon qui jouait souvent au foot, et il lui dit ceci :

QUEL ART ÊTES-VOUS ?

« Tu aimes le foot ? C'est bien ! Mais si tu aimes vraiment le foot, il faut beaucoup travailler ! Si on compare Cristiano Ronaldo et Lionel Messi : Ronaldo avait un talent, une aptitude qu'il a exploité en travaillant dur ! Messi, lui, avait un don inné, mais ceci ne l'empêchait pas de travailler autant que Ronaldo ».

En somme, quelqu'un qui aime vraiment, paie le prix ! Il sacrifie du temps, de l'argent, de l'énergie, il est passionné, ainsi, il cultive son don ! C'est un expert dans son domaine, ce n'est pas un amateur. Il ne s'arrête pas d'apprendre. Tel que l'artiste qui se perfectionne dans art et ses connaissances, en histoire de l'art.

Jésus nous aimait tellement qu'il a payé le prix à la croix pour que nous soyons sauvés ! Il nous a donné le meilleur de lui-même : sa vie ! (Esaïe 53.5 ; Matthieu 8.17).

Artistes & culture : Et les chrétiens dans tout ça ?

C'est par amour pour Dieu, pour l'art et les artistes que j'avais écrit ce livre d'histoire de l'art, il y a 2 ans.

En 2016, j'ai crée une branche « ART » au sein de mon église, afin d'aider les artistes dans leur parcours.

Car, je constate qu'en tant qu'artistes chrétiens nous sommes passionnés pour Jésus ! Nous nous inscrivons à l'école biblique, nous devenons de bon leaders, nous amenons de nouvelles personnes à accepter à Christ, nous sommes très zélés et éclairés pour le royaume ! Mais, nous sommes plus passifs dans nos ministères. Nous tenons des propos un peu naïfs et souvent hors sujet.

Ainsi, nous sommes pauvres culturellement. Face à cette situation, ma frustration d'autrefois est revenue !

C'est peu dire, que nous n'avons pas la notion de ce qu'est l'art contemporain, et que nous méconnaissons le marché de l'art actuel !

Êtes-vous un amateur ou un professionnel ?

Nombreux sommes-nous à pratiquer l'art comme un hobby. En réalité, nous ne croyons pas vraiment pouvoir en vivre et avoir notre place dans le milieu artistique. Il y a un déséquilibre entre ce que nous sommes, ce que nous sommes appelés à être, ce que nous sommes prêts à sacrifier pour y arriver, et nos résultats !

Nous confondons rêveries et rêves ! Nous nous trompons nous-mêmes par de faux raisonnements. Face à la réalité du chemin à parcourir, nous nous décourageons et baissons les bras, comme le peuple d'Israël dans le désert.

Mais la bonne nouvelle, est que l'on soit dans une période de désert ou d'épreuve, on peut se cultiver en histoire de l'art, en toute saison ! Tels les neuf fruits de l'esprit (Galates 5.22), il n'y a pas de saison pour se cultiver.

Ainsi, il y a la foi et la réalité. La foi ne fait pas tout, nous avons tous notre part à faire.

Alors, Amis artistes, ne résistez plus à l'appel de votre vocation céleste. Accrochez-vous, avancez, persévérez, travaillez dur... et cultivez-vous !

QUEL ART ÊTES-VOUS ?

QUEL ART ÊTES-VOUS ?

Êtes-vous un artiste audacieux ?

Vous souhaitez exposer vos œuvres, mais vous n'osez pas vous lancer. Vous cherchez un galeriste, mais vous n'avez pas le courage de les démarcher. Ou vous pensez à vous expatrier pour vivre de votre art, mais cela vous ferait sortir de votre zone de confort, alors vous hésitez… En somme, vous l'aurez compris, le dénominateur commun de ces blocages, c'est la peur ! Voyons ensemble, comment vaincre votre peur.

Qu'est-ce que la peur ?

Par définition, la peur est une émotion de crainte, qui saisit un individu dans une circonstance.

QUEL ART ÊTES-VOUS ?

Les synonymes de la peur sont : la crainte, l'effroi, l'épouvante, la frayeur, la terreur, la frousse, la pétoche, la trouille.

Ainsi, toutes les émotions qui vous animent ne sont pas toxiques, certaines d'entre elles sont indispensables. Avoir peur, c'est humain, et surtout pas honteux. Néanmoins, vos peurs ne doivent pas vous contrôler !

Aussi, pour vaincre votre peur, vous devez faire preuve de maturité émotionnelle, en gérant vos émotions.

Par conséquent, si vous ne traitez pas avec vos peurs, elles vous paralyseront face à vos défis, comme une statue de sel !

Comment vaincre sa peur ?

En anglais, « peur » se dit : FEAR. L'auteur-pasteure américaine **Joyce Meyer**, a écrit un livre sur la peur. Elle en a même fait un acronyme traduit par : *Fausse Evidence Apparaissant Réel.*

En lisant son ouvrage « *Franc-parler sur la peur* », j'ai pu appliquer ses conseils :

- Demander à Dieu de m'aider dans ma situation, simplement par cette prière : « *Seigneur aide-moi, j'ai peur !* ».

- Agir en ignorant mes appréhensions : « *J'ai peur d'exposer mes sculptures* », « *J'ai peur de ne pas être à la hauteur de cette séance de dédicaces* ».

Vous serez surpris de voir ce que Dieu peut faire, quand on lui demande de l'aide. Il ne demande qu'à nous aider dans nos faiblesses. Il aime que nous comptions sur lui et pas sur nos forces.

Parce que le courage, c'est agir malgré sa peur et que la peur est le contraire de la foi. Chaque fois que vous avez peur, faites confiance à Dieu et voyez ce qu'il peut faire dans votre situation !

Dieu a agit au travers de **Gédéon** malgré ses peurs, il a également donné le courage nécessaire à **David** pour combattre **Goliath**...

Ainsi, en méditant, j'ai compris que mes peurs étaient mentales et que mes rêves n'étaient pas inatteignables.

Enfin, la seule façon de vaincre la peur, c'est en agissant par la foi !

Chers artistes, nos peurs ne doivent pas nous contrôler. Nous ne devons pas les laissés nous dominer. Car, la foi est agissante par les œuvres, sinon elle est vaine.

Alors, prions pour nous donner du courage et agissons par la foi ! Il y a toujours une bénédiction qui se cache derrière l'audace.

QUEL ART ÊTES-VOUS ?

QUEL ART ÊTES-VOUS ?

Êtes-vous un artiste endurant ?

Que vous attendiez la date de votre prochaine expo, le résultat pour la sélection d'un concours artistique, l'achat de vos œuvres, ou d'être repéré par un galeriste… Cela vous demandera de la patience. Néanmoins, la patience est une vertu que tout le monde n'a pas. D'autant plus, le parcours d'un artiste avant la percée, est souvent très long. Ainsi, parce que votre patience est mise à rude épreuve, vous êtes probablement découragé. Alors comment gérez vos moments d'attente ? Sachez que vous pouvez vivre plus heureux en étant patient, qu'en étant frustré. Voyons ensemble comment gérer ces phases d'attente !

La patience, c'est quoi ?

QUEL ART ÊTES-VOUS ?

Par définition, la patience, c'est la capacité à persévérer, durant une activité, sans se décourager. C'est avoir le courage de supporter et c'est le synonyme de la constance.

Toutefois, la patience, c'est aussi un fruit qui doit arriver à maturation. Ce fruit peut être développé dans toutes les saisons de notre vie. La patience n'est pas acquise, c'est pour cette raison, qu'elle sera éprouvée.

Enfin, la patience ce n'est pas seulement *« attendre »*, c'est *« comment on attend »*.

Posez-vous la question : *« Comment est-ce que j'attends ? En râlant ou joyeusement ? »*

Si vous ne pouvez pas répondre à cette question, il vous suffit d'observer un enfant, pour comprendre où vous vous situez au niveau de votre patience. L'enfant veut tout, tout de suite. L'adulte sait qu'il y a un temps pour chaque chose et que chaque saison porte son fruit.

Une patience à toute épreuve.

QUEL ART ÊTES-VOUS ?

Indépendamment de notre volonté, nos épreuves, vont faire émerger notre constance !

Nos mentalités de « Fast-food » sont devenues une norme. On ne sait plus attendre ! Or, attendre n'est que joie.

Avez-vous déjà mangé un fruit (ou un légume) qui n'est pas assez mûr ou qui a été produit en dehors de sa saison ? Il est immangeable et fade !

Ainsi, le domaine artistique, notamment dans la musique, réussir trop vite et non préparé, peu être un mal irréversible !

Un pasteur a dit : " *les années de silence de votre vie, sont des années de préparation de votre caractère. Ce sont des phases, où vous n'êtes pas très connu, vous êtes même oubliés... Apprécions ces années, car chacun vit les années de silence au niveau où Dieu l'a appelé. Ce sont des années plutôt calmes. Lorsque les années de silence s'arrêtent, nous n'avons pratiquement plus de vie privée* ".

Ainsi, comme l'a dit **Joni Eareckson Tada** : " *... Dans une course de fond, la partie la plus difficile n'est pas la fin ou le début, mais le milieu. C'est la partie la* *plus longue. Parfois, on se sent au milieu d'un long chemin monotone et ennuyeux ".*

Alors, profitez du paysage pendant vos moments de silence, la vie est un voyage. Dieu n'est jamais en avance et Il n'est jamais en retard !

Gérez vos moments de silence !

En faisant preuve de patience, nous faisons preuve de persévérance. Aussi, nous travaillons à notre stabilité. La foi et la paix sont indispensables. Car la foi est basée sur la patience, et la paix sur la confiance dans Le créateur.

Toutefois, je partage avec vous, quelques pas pratiques, pour optimiser vos temps de silence :

- **Formez-vous et cultivez-vous continuellement.** Etre équipé, c'est être mieux préparé.

Pour compléter mes compétences artistiques, j'ai suivi une formation dans le domaine digital. Suite à quoi, j'ai pu créer mon site, mon blog, la couverture de mon livre...

Par ailleurs, il y a 3 ans, j'ai fait un business plan pour vivre de mon art. Aussi, soyez curieux de tout.

Inspirez-vous de tout ce qui est édifiant. La créativité n'est pas qu'un don du ciel, il faut la cultiver !

- Donnez de votre personne. On dit que l'artiste est égocentrique ! Pour ma part, depuis 18 ans, mes dimanches sont consacrés au bénévolat. Aussi, j'ai encouragé et enseigné des personnes: *par l'alphabétisation, la sculpture, par des créations de programmes artistiques, via l'évangile, par des visites dans les hôpitaux...* Plus récemment, par *le biais de mon blog, et mes ouvrages.* Je ne me mets pas en avant, je vis simplement ce que je dis !

- Continuez à créer ! Ayez toujours des travaux en cours. Imaginez que vous êtes sollicité par un galeriste à New York qui aime votre travail, et qui souhaite visiter votre atelier pour voir vos autres œuvres. Toutefois, en plus de ne pas être sur place, vous n'avez rien d'autre à montrer. Ce serait dommage de rater une telle opportunité n'est-ce pas ? Eh bien, c'est exactement ce qui m'est arrivé, il y a 4 ans. J'avais pourtant une série de 400 pièces chez moi, mais ça n'a pas suffi !

- Prenez-soin de vous. Vous êtes l'*ambassadeur* de vos œuvres. Faites du sport, mangez équilibré, dormez suffisamment, créez-vous des moments de détente...

- Enfin, profitez de la vie ! Car, finalement, la patience, c'est apprécier votre vie actuelle, tout en attendant votre vie rêvée ! C'est aussi avoir la capacité d'attendre longtemps, sans créer de frustrations ou d'amertume.

Ainsi, une mauvaise gestion de nos moments de silence, ou l'attente de quelque chose qui n'est pas encore là, peut faire souffrir. Mais après tout, la patience consiste à pouvoir apprécier le succès des autres, tout en attendant les nôtres. Alors, ne renoncez pas, n'abandonnez jamais !

QUEL ART ÊTES-VOUS ?

QUEL ART ÊTES-VOUS ?

Êtes-vous votre propre saboteur ?

En cette belle journée, un homme semble contempler une toile minimaliste exposée au musée d'art moderne de New York. Toutefois, il n'en est rien ! Antonio ne comprend pas le sens de cette toile qu'il fixe depuis des heures. Il connaît bien cette œuvre pourtant… Néanmoins, il persévère dans ses raisonnements incessants. Ses pensées l'assaillent de questions sans réponse. Submergé par ses émotions, frustré de ne pas trouver de réponse à ses interrogations, et surtout fatigué d'entendre les moqueries des visiteurs à l'égard de ce tableau… Antonio est déterminé à poser une action qui fera taire toutes incompréhensions !

L'artiste saboteur ...

Artiste peintre, Antonio est en réalité l'auteur de ce fameux tableau.

Ce n'est qu'après avoir vu un des épisodes de la saison 6 des « anges du bonheur », intitulé **"Le musée"**, que j'ai pu comprendre les effets nocifs, d'une autocritique mal canalisée.

Déterminé, à détruire sa toile avec un couteau, le personnage d'Antonio (incarné par l'acteur américain **Giancarlo Esposito**), se laisse dissuader par deux protagonistes inattendus.

À l'instar d'Antonio, vous avez probablement souffert d'incompréhension de la part des autres.

Mais avez-vous vécu la douloureuse étape de l'autocritique à l'égard de votre travail ?

Comme ce personnage de fiction, j'ai longtemps été mon propre saboteur !

En effet, à l'exemple d'autres artistes, Antonio a été victime d'une *méprise,* vis-à-vis de lui-même et des autres. À long terme son « critique intérieur » aurait pu lui être fatal.

Le problème d'Antonio n'était pas une question d'ego mal placé qu'ont certains artistes, mais celui d'une âme blessée qu'il *trimbalait* depuis des années.

Baptisé **Antonio Gaudi le Brésilien** (en hommage à **Antoni Gaudi** l'architecte espagnol) par ses parents et victime de l'indifférence de son père suite au décès de sa mère, le peintre s'est forgé une carapace.

En lutte perpétuelle avec l'image du père, il devint un artiste en colère, frustré et désemparé.

Néanmoins, voyant *ce nom* comme une prédestination, **Antonio** fit de l'art son étendard et son exutoire !

#Me too

Comme Antonio, j'ai expérimenté les effets de l'auto-sabotage. Après une formation complémentaire de 10 mois, je cherchais un emploi dans le domaine artistique.

Un jour, j'ai vu une annonce pour un poste de sculpteur-prothésiste vacant, à temps plein, en CDI, dans un institut international, situé dans les quartiers chics de Paris.

En outre, je devrais souvent voyager à l'étranger avec les sculpteurs et les coloristes dans les quatre coins du monde tout frais payé, et dans les plus belles capitales : *New York, Tokyo, Rome...* Bref, c'était le job de rêve ! Ce poste contribuait pleinement à la réalisation de mes projets artistiques. J'ai postulé tout de suite.

Extrêmement motivée, j'ai relancé l'entreprise, qui m'a finalement proposé un entretien. Par la suite, on m'a proposé une période d'essai de 2 jours (non payé), que j'ai accepté.

Le jour J, on me donna une journée entière (9 h à 17 h) pour reproduire le modèle d'une oreille droite en cire, avec une méthode et une matière que je n'avais jamais travaillées auparavant.

Pourtant, à ma grande surprise, malgré mes insécurités, je parviens à reproduire l'oreille plus vite que prévu. Sachant que j'avais commencé la sculpture vers 10 h 30, sous les regards pesant et les critiques acerbes de l'équipe. Je me suis étonnée moi-même. J'avais fini, le modèle à 15 h !

Pourtant, la responsable, avare en compliment, m'a demandé *d'aller plus loin.* Pour tout vous dire, je ne le sentais pas du tout. *Aller plus loin*, signifiait pour moi : saboté mon travail ! Or, étant en phase d'évaluation, je ne pouvais pas contester. Je devais donc me soumettre à l'autorité. Et puis je n'allais pas rester 2 heures, sans rien faire...

Mon intuition ne m'avait pas trompé. Après, 2 heures de retouche, *la pièce* était moins bien qu'au début. De nature émotive, je suis passée d'une joie enthousiasmante à un sentiment de frustration et de colère. Je n'étais pas satisfaite du résultat, et j'en voulais secrètement à cette dame.

Et puisque le mal était fait, je me suis permis de lui partager mon sentiment. Elle affirma, que j'avais raison, mais que leur principe, c'était toujours de peaufiner jusqu'à la perfection. Toutefois, elle m'encouragea à revenir le lendemain pour la deuxième partie de l'épreuve.

Le deuxième jour, alors que je m'attendais à avoir *une main* ou *un autre membre* à reproduire, j'avais encore *une oreille*. Mais du côté gauche cette fois. Je ne sais pas pourquoi, ça m'a complètement déstabilisé.

Contrairement, au jour précédent, j'avais du mal à aborder ce nouveau volume. Cela me paraissait plus difficile que la veille. J'avais l'impression que cette dame me poussait à abandonner… J'étais dépassé. L'émotion me submergea et je perdis tous mes moyens. Bien que je tentais de me ressaisir, je n'arrivais plus du tout à travailler. En somme, je faisais n'importe quoi !

Après quelques tentatives durant 2 h, je détruis mon ébauche, comme pour effacer des traces de mon passage dans cet atelier *maudit*. C'est ainsi, que je fis un acte fatal : abandonner prématurément.

Même si les circonstances n'étaient pas favorables, cela ne justifie en rien mon attitude ! J'avais saboté *ma réussite potentielle*. Ayant besoin de ce travail, j'aurais dû finir ce test… Quitte à ne pas être sélectionné ensuite.

C'est clairement, ce type de comportement qui développe le manque de confiance en soi, déjà existant.

Le mécanisme de l'auto-sabotage ?

L'auto-saboteur est rempli de *doutes*, de *peurs* et de *culpabilité*. Dès lors, tous ces sentiments exacerbés, sont liés au **syndrome de l'imposteur**. La personne concernée, étant son propre obstacle. Ce mécanisme *inconscient* d'auto-sabotage, se met en place quand il pense ne pas mériter un succès, par peur du changement, du rejet…

En effet, malgré la personne de foi que j'ai toujours été, et toutes les montagnes que j'ai gravi avec détermination, j'ai toujours manqué de confiance en moi.

Aussi, durant cette évaluation, mon esprit, me confirmait que mon travail était bon, or, mes émotions me disaient le contraire. À l'instar de l'apôtre Pierre, qui marcha sur les eaux pour rejoindre Jésus, et qui commença à couler quand il se mit à douter.

Pour ma part, après avoir abdiqué, j'eus aussi un profond sentiment de *culpabilité*. Malheureusement, cet épisode n'est pas isolé, je réalisais que j'étais la proie de l'auto-sabotage depuis mon enfance.

Mon subconscient avait vraiment besoin d'être reprogrammé. Et ma confiance en Dieu devait grandir davantage !

En vérité, la bonne formule, c'est : *avoir confiance en Dieu, en soi.*

Détectez les signes avant-coureurs de l'auto-sabotage !

À vrai dire, ce mécanisme, se produit au moment où on est susceptible d'atteindre la réalisation de son projet. On se met en échec par des attitudes ou des actes, dont on n'est pas conscient.

Ainsi, l'auto-sabotage et tous les comportements qui y sont reliés, sont des actes inconscients qui apparaissent dans des moments cruciaux dans la vie d'un individu.

Ces *attitudes automatiques* tendent à empêcher l'accomplissement de ses objectifs (ou ses buts) par des auto-manipulations inconscientes.

Toutefois, il faut détecter ces signaux, pour les éviter et changer ce comportement.

Par exemple, j'ai postulé récemment pour un poste à mi-temps, en tant que prof d'arts plastiques dans une Ecole internationale privée, pour lequel il faut maîtriser l'anglais : un vrai challenge !

Quelques jours après, j'ai été contacté par la directrice de l'établissement, comme d'habitude, j'ai montré toute ma motivation, et j'ai décroché un entretien.

Au moment où j'ai raccroché le téléphone, *Mr Doute* pointa le bout de son nez, dans mes pensées. Heureusement, j'ai rapidement identifié ce fameux mécanisme automatique. Il tentait coûte que coûte d'occuper mon esprit : « *je ne vais pas y arriver… Les recruteurs vont se rendre compte que je suis nul ! Et si l'entretien est en anglais, je vais perdre mes moyens ?… »*

Ce qu'il faut savoir, c'est que l'un de mes objectifs pour l'année 2020, était d'améliorer mon anglais. Et à ce moment-là, ce serait la deuxième opportunité que je rate avant d'y parvenir.

Je ne pouvais plus continuer à cheminer dans la voie de l'*évitement*.

Et vous ?

Désormais, je sais que dans ces situations, ce qui me limite, ce sont mes forteresses mentales. Elles sont logées dans mon subconscient, et elle s'élèvent dès que je peux accéder à une opportunité.

Voici l'autobiographie d'une personne en cinq chapitres, issus du livre **31 jours pour créer votre monde,** de N.Pedro :

Chapitre 1 : je marche dans la rue. Il y a un trou profond dans le trottoir. J'y tombe. Je suis perdu, désemparé. Ce n'est pas de ma faute. Je prends beaucoup de temps à m'en remettre.

Chapitre 2 : je marche dans la rue. Il y a un trou profond dans le trottoir. Je fais semblant de ne pas le voir. J'y tombe à nouveau. Je n'en reviens pas d'être là une fois encore, mais ce n'est pas de ma faute ; cela me prend encore beaucoup de temps pour m'en remettre.

Chapitre 3 : je marche dans la rue. Il y a un trou profond dans le trottoir. Cette fois-ci, je le vois, mais j'y tombe encore. C'est une habitude ! Mes yeux sont ouverts ; je sais où je suis ; c'est de ma faute ; j'en sors immédiatement.

Chapitre 4 : je marche dans la même rue ; il y a un trou profond dans le trottoir. Je le contourne.

Chapitre 5 : je marche dans une autre rue.

Ainsi, puisque j'ai bien analysé ce mécanisme, je fais en sorte de ne plus tomber dans le piège. Je le contourne, et même, je change de chemin !

Et finalement, je me suis rendu à l'entretien. J'ai rencontré la directrice de l'établissement et le directeur de l'association[3]. Ils s'avèrent que nous avons bien échangé *en français* et que nous partagions les mêmes valeurs. À tel point que, que j'ai pu parler de mon blog et communiquer sur mes ouvrages.

Par la suite, alors qu'ils étaient en cours de délibération pour la sélection du bon candidat, le coronavirus est apparu et le confinement à suivi...

Mais que m'importe si cette pandémie a eu raison de ma candidature, ce qui compte, c'est que je n'ai pas gâché moi-même cette opportunité, en cédant à ces mécanismes.

3 C'est une école privée, présidé et financé par les parents et autres membre de l'association.

Comme disait un prédicateur : « *Il faut douter du doute, dont le doute me fais douter* ».

En somme, pour vaincre nos insécurités, nous devons faire douter, *le doute.*

Avant d'aller à cet entretien, j'ai fait peur au doute, en lui parlant avec autorité : « *Doute tu n'as plus de place dans ma vie. Je te commande de partir maintenant. Tu pars ! Au nom de Jésus !* [4]».

Mais, d'où proviens l'auto-sabotage ?

Les causes sont différentes d'une personne à une autre :

- Des croyances de limitation, associées à un syndrome de l'imposteur (la personne est convaincue qu'elle ne mérite pas la réussite, le bonheur…).

- Une mauvaise estime de soi ;

- Des buts imposés par d'autres personnes ;

---

4 Pour les chrétiens, le nom de Jésus, est le nom qui est au dessus de tous les noms et de toutes les puissances (Philippiens 2 : 9)

- La crainte de l'échec, du changement, de sortir de sa zone de confort ;

- Des luttes internes ;

- Ne pas se sentir à la hauteur des attentes des autres.

Ainsi, toutes ces certitudes restrictives apparaissent automatiquement lorsqu'une opportunité se présente. Cette foi négative, prend le contrôle sur les comportements de la personne, et interfère dans ses actes et occasions d'évolution et/ou de succès.

En résumé, d'après **psychologie.net** : « *L'auto-sabotage est une manifestation de toutes ces croyances basées sur des peurs qui se sont installées à un moment de leur vie et qui ont abouti à des échecs qui, au fil du temps, ont pris du poids et le pouvoir en elle. Ces manifestations sont le symptôme de blessures plus profondes appartenant au passé, souvent à l'enfance. **Il est important d'en prendre conscience afin de travailler dessus et reprendre confiance en soi et de ne pas avoir peur de se tromper afin d'affronter ce qui doit l'être.** »*

QUEL ART ÊTES-VOUS ?

Sur le site chrétien *Méditation quotidienne*, on peut suivre des plans de lecture, dont celui sur la guérison de nos blessures.

J'ai d'ailleurs relevé un passage qui dit ceci *: … Sans entrer dans le détail de chacune de ces blessures, considérons à la lumière que la Parole de Dieu quelle est la* **ressource** *que Dieu nous offre, pour guérir de ces blessures. Peut-être serez-vous surpris (e), que j'écrive* **ressource** *? Certes, il peut y avoir diverses aides psychologiques, mais si nous nous plaçons sur le terrain de l'expérience chrétienne, il ne peut y avoir de guérison intérieure sans une rencontre surnaturelle et personnelle avec Jésus. Jésus dit : « laissez venir à moi les petits enfants, car le royaume de Dieu est pour ceux qui leur ressemblent » (Marc 10 : 14). Il nous rappelle que cette rencontre avec Lui, est le premier pas vers la guérison intérieure. Les blessures dans l'âme d'un enfant maltraité, abusé, violenté… sont génératrices de sentiments de colère, de mépris et de repli sur soi, de culpabilité, de rejet, d'amertume, de peur… Ces blessures conduisent à l'apitoiement sur soi-même, à la dépression, à l'angoisse, à la violence, à la dévalorisation de propre personne ou au mépris des autres. Un conseil pour ce jour : si bien qu'étant* *adulte, vous traînez de telles blessures, entendez Jésus qui vous dit : venez à moi, vous tous qui êtes fatigués et chargés, et je vous donnerais du repos » Mathieu 11 : 28. Il est temps pour vous, de lui dire : Seigneur, viens me guérir de toutes ces maltraitances, ces blessures, qui m'ont brisé (e) émotionnellement, et qui m'ont même fait douter de toi. Amen !».*

Alors, que l'autodestruction se manifeste par des excuses, par de la procrastination, en remettant à demain ce que l'on doit faire aujourd'hui, en laissant des projets en cours de finalisation (alors qu'on y a mis beaucoup d'efforts au départ), ou par le perfectionnisme...

Nous avons maintenant les solutions pour guérir de nos blessures les plus profondes.

Ayez une créativité saine !

D'après la conférencière **Christel Petitcollin**, pour sortir de ce cycle pervers de *l'objection*, il faut cultiver une créativité saine.

Elle précise à la page 224 de son best-seller intitulé ***"Je pense trop"*** comment nous pouvons exploiter notre créativité sainement.

Antonio était au top de sa carrière, or malgré son succès, il était encore miné par ses pensées et ses paroles toxiques.

Pour ce faire, la conférencière, conseille d'appliquer la méthode de **Walt Disney** en 3 étapes :

1-**Le rêve pur** (les idées, la créativité…).

2-**Le projet plus concret et réaliste** (on transpose mentalement ses idées dans un contexte réel…).

3-**La critique « constructive »** (La phase de questionnement et de jugement : comment réaliser le projet ? comment le perfectionner ou l'améliorer ? …).

Toutefois, il est vrai qu'à l'image d'**Antonio**, certains d'entre nous suivent ces 3 points. Mais malheureusement, encore *addict*, nous retombons rapidement dans l'*autocritique destructive*. Nos pensées négatives, orientent nos paroles créatrices et nos objections, influent sur nos actes: « *pourquoi* *le commissaire de l'exposition a présenté cette croûte au musée ? Cette toile est nulle !».*

Si un visiteur ne l'avait pas arrêté, Antonio, serait passé à l'acte en détruisant sa toile, avec son couteau.

La Bible dit, que la mort et la vie sont au pouvoir de la langue. Attention, à nos pensées et à nos paroles, elles sont créatrices, en bien ou en mal.

Alors amis artistes, STOP à l'auto-sabotage !

Laissons vivre nos œuvres ! Elles trouveront du sens pour quelqu'un, si elles n'en ont pas pour nous. Toutes les œuvres n'ont pas la nécessité d'être justifiées à tout prix. Alors, continuons de peindre ce monde et cessons d'être nos pires ennemis !

QUEL ART ÊTES-VOUS ?

Êtes-vous un artiste incompris ?

Comme beaucoup de gens le savent, Vincent Van Gogh, est un peintre néerlandais, considéré comme l'un des plus grands artistes de tous les temps. C'est également un des premiers artistes chrétiens, qui a été rejeté par l'église. Né en mars 1853 aux Pays-Bas, son œuvre impressionniste annoncera le fauvisme et l'expressionnisme. Issu d'une famille protestante de l'ancienne bourgeoisie, certains membres de sa famille étaient commerçants d'art. Cependant, suite à une vie tourmentée qui révèle un déséquilibre mental, une ultime crise provoquera son suicide à l'âge de 37 ans. Néanmoins, même si son histoire dramatique est bien connue, elle est bien plus complexe.

Van Gogh, un artiste chrétien ?

Les correspondances de Van Gogh ont permis de mieux le comprendre. On compte aujourd'hui plus de 800 lettres écrites à ses proches, dont 652 envoyées à son frère Théo, un marchant d'art connu à son époque.

La vie de **Van Gogh** commence ainsi. Il était l'aîné de six enfants. Avant lui, ses parents ont eu un fils mort-né, qu'ils ont appelé Vincent. De ce fait, le petit **Van Gogh** a été baptisé du même prénom.

Fils d'un prédicateur, le jeune Vincent grandit dans une famille chrétienne et assiste à l'église. Son plus grand désir était de suivre son père dans le ministère. Il était sensible, silencieux et considéré comme un enfant à part. Il dessinait souvent. On le trouvait étrange. Son père avait honte de sa différence. Dès lors, **Van Gogh** ne sera pas pasteur, comme il l'espérait. Car, ses difficultés scolaires lui fermèrent les portes de l'école pastorale.

Aujourd'hui, nous savons que **Van Gogh** souffrait de dyslexie.

Ses premiers pas d'évangéliste.

Malgré sa déception, **Van Gogh** tentera quand même de rentrer concrètement, dans son ministère pastoral, sans dépendre des organisations religieuses.

Il fut un temps *«pasteur-missionnaire-indépendant»*. Comme l'apôtre Paul, il *« se fit tout à tous »*, en allant évangéliser des mineurs de charbon de la région de la Belgique. Sa démarche était sincère, il était entier et zélé dans son ministère. Il éprouvait une réelle empathie pour ces mineurs qui souffraient.

Après une année, lors d'une visite, le comité d'évangélisation mit fin à sa mission, car, ils étaient choqués par ses méthodes. Ses responsables trouvaient qu'il ressemblait trop à un mineur et si peu à un pasteur ! Malgré les fruits visibles de son travail, ils estimèrent qu'il n'était pas assez digne pour représenter leur dénomination. Ils le rejetèrent et le renvoyèrent chez lui.

Un artiste chrétien incompris rejeté par l'église... mais aimé de Dieu !

Le jeune **Van Gogh** en fut profondément blessé et traumatisé. Après cela, il se réfugia dans la peinture. Autodidacte et passionné, il ne cessa d'enrichir sa culture artistique, en suivant des cours de peinture, en analysant le travail des grands peintres et les estampes japonaises. Il visita les musées et les galeries d'art, il s'intéressa à la gravure anglaise... Sa peinture reflétait ses recherches et l'étendue de ses connaissances artistiques.

Dès lors, il s'expatria de la Hollande, pour aller en Belgique à Bruxelles. Puis, de Bruxelles, il revint en Hollande. Et enfin, il partit pour l'Hexagone, dans la capitale française.

Si bien, qu'il devint un peintre talentueux, mais les années passèrent, et il ne parvenait toujours pas à vivre, de son art. Toute sa vie durant, **Van Gogh** alternera, entre les périodes dédiées à la peinture, les nombreuses correspondances avec son frère, et ses épisodes de crises mentales.

En 1890, **Vincent** se tire un coup de revolver dans la poitrine, et décède deux jours plus tard.

Cependant, en 2011, une nouvelle hypothèse sur la mort de **Van Gogh** est soumise par deux auteurs : **Steven Naifeh** et **Gregory White**.

Vincent **Van Gogh** aurait été victime d'une balle perdue, dont les responsables seraient les frères **Gaston** et **René Secrétan**. Deux adolescents que le peintre connaissait. Les deux jeunes gens jouaient aux cowboys près du champ que **Van Gogh** fréquentait. Suite à cet incident, **Vincent** mourant, aurait décidé de couvrir les deux garçons en prenant toute la responsabilité de cet acte involontaire, pour le faire passer pour une tentative de suicide. En donnant cette version des faits, il voulait par amour décharger son frère **Théo**, de sa présence «*trop pesante* » selon lui.

Que nous importe les points de discorde ! Le peintre mourut pauvre et dans une dépression profonde.

Trois siècles plus tard...

Je voudrais attirer votre attention sur les points sombres de la vie de **Van Gogh**. Ceux-ci, nous amènent à réaliser que son histoire n'est pas juste un cas isolé. Les mentalités chrétiennes vis à vis des artistes chrétiens, n'ont pas beaucoup évolué depuis cette tragédie.

En effet, en 2013, le site Internet infochrétienne.com communique, qu'après avoir lutté durant des années avec une maladie mentale, le plus jeune fils des fondateurs de l'église de Saddleback, **Kay** et **Rick Warren**, a mit fin à ses jours à l'âge de 27 ans.

Suite à cet épisode douloureux, les parents ont ouvert le débat, au sujet des chrétiens qui luttent encore aujourd'hui avec des pathologies psychiatriques, au sein même de l'Église. Leur fils était un jeune homme brillant qui souffrait de dépression et avait des pensées suicidaires. Mais, ni les psychiatres, ni les prières n'ont su aider le jeune homme, bien que Dieu soit puissant pour guérir toutes les maladies (Matthieu 4.23, Matthieu 8.17, Jacques 5.15, Luc 4.18-19)

La mentalité de l'église à très peu évolué.

Devant cette tragédie, le couple pastoral a créé un service d'aide du nom de **HOPE RISING** destiné aux chrétiens qui souffrent de maladies mentales, comme la dépression, le trouble de la personnalité, les troubles de l'alimentation, les troubles bipolaires...

Rick Warren déclarait en 2014, qu'" *il est encore trop souvent plus difficile pour l'entourage, d'accepter et de traiter un déséquilibre biochimique affectant un organe, qu'un déséquilibre biochimique affectant notre cerveau* ".

Il ajoutera : " *Si mon cœur ne fonctionne pas, je prends un traitement, et personne ne pense rien à ce sujet. Mais, si mon cerveau ne fonctionne pas bien et que je prends un traitement, suis-je supposé en avoir honte ? Qu'est-ce qui ne va pas avec ça ?* ". (Source Infochretienne.com).

Bien qu'en Romains 8:38, Paul déclare qu'il a l'assurance que rien ne séparera de **Christ**, tous les hommes devront rendre compte de leurs actes au jour du jugement (Romains 14.12).

Assurément la vie et la mort dépendent de Dieu (Job 14.5, Psaumes 139.15), l'acte de suicide est un meurtre contre soi-même (Exode 20.13).

Néanmoins, Dieu demeure le seul Juge. Il est Celui qui décide de notre destination finale.

Je compléterais mon propos, en citant un passage sur la *guérison des blessures*, dont l'auteur est **Paul Calzada**. Il écrira ceci : «*... Dans les milieux chrétiens, la tendance naturelle est d'accueillir avec compassion les pêcheurs incroyants, mais une fois devenus croyants, malheur à eux s'ils commettent le moindre faux pas ! Quelqu'un a dit avec un certain humour : « l'Église est la seule armée au monde qui achève ses blessés ! » Bien souvent, ceux qui sont en difficulté, au lieu d'être entourés de prières et d'affection, les voilà mis au banc des accusés, les voilà pointés du doigt, les voilà « mis au piquet », ce qui ne fait qu'accentuer leur blessure. J'ai en mémoire ce terrible conseil donné par un pasteur à une maman dont la fille avait divorcé : « Ne la recevez plus chez vous ! » Je préfère dire à cette maman : « Faites comme le père du fils prodigue, accueillez votre fille, vous êtes la mieux placée pour l'aider à retrouver la paix et la guérison de ses blessures »*

Ne vous y trompez pas, le cas de **Van Gogh**, sera examiné par son Créateur, tout comme celui des membres de l'Église qui l'ont rejeté.

Ainsi, ne jugeons pas ceux que nous ne comprenons pas, car nous ne sommes pas si différents d'eux !

Les artistes chrétiens et l'église aujourd'hui.

Bien que, les *artistes chrétiens* n'arrivent pas à des actes, aussi extrêmes que ce peintre, certains souffrent *« en silence »* de l'abandon, et de l'incompréhension des églises.

Il y a quelques années, j'en ai moi-même fait l'expérience, au sein de l'église dans laquelle j'étais depuis 11 ans. En décembre 2016, j'avais créé un service d'art pour aider les artistes de l'église. Etant artiste chrétienne professionnelle, je précise que c'est avec un désintérêt total, que j'ai proposé le projet « ART ». Considérez bien que, ce n'était pas un moyen pour me réaliser personnellement, puisque ma réalisation vocationnelle était déjà établie dans le monde séculier. En somme, je ne cherchais pas à m'élever dans l'église. Au contraire, j'étais réticente à l'idée de mettre mes dons artistiques au service de l'église. J'ai résisté de nombreuses années aux diverses propositions ecclésiastiques, puis je me suis finalement soumise à la volonté de Dieu.

Ainsi, ma vision était d'édifier le *Corps de Christ* en le sensibilisant au langage de l'art contemporain, pour atteindre les non-chrétiens, et les amener à la foi.

Le projet « *ART* » fut validé par mon responsable. Après des semaines de reports, j'ai obtenu une réunion avec le responsable, les co-responsables et les potentiels artistes chrétiens de l'église. Enfin, j'ai pu leur partager la vision de la nouvelle branche du département, et motiver les artistes chrétiens à l'intégrer !

Eglises vs Artistes chrétiens ?

En premier lieu, le démarrage du projet, consistait à recruter les artistes-photographes, puis les vidéastes, les peintres… pour arriver progressivement à avoir un groupe d'artistes chrétiens compétents et efficaces pour servir dans le royaume de Dieu.

Après cela, je proposais donc aux *artistes-photographes* une exposition sous forme d'un concours photo. Cette expo servirait à sélectionner les potentiels artistes chrétiens pour la *branche Art*, et l'exposition serait une première approche pour le Corps de Christ.

Le projet artistique devait avoir lieu, lors d'un grand événement annuel organisé par l'église.

Une fois les cœurs des photographes conquis par ce projet, j'ai dû :

- Organiser de multiples réunions, relancer mes collaborateurs pour leur communiquer le déroulement de l'exposition, renvoyer plusieurs fois les mêmes documents perdus ou effacés.
- Être force de proposition, créative.
- Sculpter le trophée en argile, pour l'artiste chrétien lauréat.
- Préparer les prix des participants, ainsi que le descriptif de leur travail.
- Coordonner la logistique (croquis, plan, matériel paravents, installation, scénographie…) et toute l'organisation de l'expo.
- Réfléchir à la scénographie et convaincre le responsable de sa pertinence, ainsi que la prise en charge par mes soins des impressions photos, des 30 crochets en

métal faits main et sur mesure et autres matériels (cimaises, tringles…) pour accrocher les tableaux, car les frais du projet étaient à notre charge.
- Faire un montage via power point pour présenter la branche « Art ».
- Participer à la conception du logo de la branche, et superviser la création des cartes de visite.
- Supporter, gérer les contraintes, et les contretemps causés par l'égo et l'apathie de chacun.

De la motivation à la déception.

La joie, d'avoir pu tout ficeler dans les temps, fut brusquement assombrie. Mon responsable m'annonça la veille de l'expo, que nous ne pourrions plus exposer comme prévu. Parce que, les paravents dont nous avions besoin, n'étaient plus disponibles. Et ce, à cause des autres activités qui avaient lieu pendant ce grand événement annuel.

J'étais en colère et dans l'incompréhension. Ainsi, notre « *méga église* » qui possédait plus d'une vingtaine de paravents, ne pouvait pas en mettre à disposition au moins cinq ?

Pourtant, quelques heures avant l'exposition, le choix s'était porté sur les mêmes activités annuelles, plutôt que sur l'accueil d'une nouveauté artistique, et ce pour un problème de gestion de paravents.

Pour pallier cette situation absurde, mon responsable me proposa d'imprimer les œuvres des artistes chrétiens, par le biais de photo-collants. Ceci m'infligea le coup de grâce !

Prendre la charge de trouver les mots, pour annoncer la nouvelle aux artistes chrétiens exposants, ainsi, qu'à tous mes contacts, fut pour moi un véritable déchirement.

Artistes chrétiens ou non, relevez-vous et pardonnez!

Par conséquent, vivre cet échec était comme si je n'avais plus rien à offrir. Que faire ? Ils avaient tué mon bébé !

C'est dans ces moments, qu'arrivé au bout de soi-même, on peut céder au découragement et à la dépression, comme notre ami **Van Gogh**.

Gustave Flaubert disait dans une de ces correspondances :

«Je suis doué d'une sensibilité absurde ; ce qui érafle les autres me déchire».

Aussi, vous imaginez bien que, ce ne fut pas le seul épisode fâcheux que j'ai vécu durant ces années dans ma vie personnelle, professionnelle et spirituelle. Mais, cet incident, fut la goutte de trop ! J'ai compris, quelques mois après, que je faisais un *« burn-out spirituel !»*

Dieu merci, je n'ai pas cédé à l'amertume ou à la vengeance durant cette période de vulnérabilité. En effet, j'ai pensé à tous ces chrétiens (ou fréquentateurs) frustrés et blessés, qui déversent leur haine des églises sur les réseaux sociaux, ou qui viennent en groupe, pendant les cultes du dimanche, pour accuser les pasteurs, dans le but de disperser les brebis de Dieu (Matthieu 12.36, Romains 14.12, 1 Corinthiens 6.1-11, Jérémie 23.1-6). Bien que, je compatisse à leur peine, je ne cautionne pas la vengeance ! C'est une attitude vile, qui ne sent pas bon, et surtout, ce n'est pas édifiant. Aussi, ce qui n'édifie pas nous tue (Hébreux 12.15).

À chaque fois que je pense à l'épreuve, j'ai cette métaphore qui me vient à l'esprit: L'épreuve est comme une eau bouillante, où certaines personnes en sortent comme la carotte, complètement ramollis. D'autre s'en sortent comme l'œuf, leur cœur s'est endurci. Mais, rares sont ceux qui deviennent comme le café, où émanent d'eux un bon parfum et un goût savoureux, qu'on peut déguster.

Et vous, à cet instant, êtes-vous comme la carotte, comme l'œuf, ou comme le café ? Si vous n'êtes pas comme un bon café, il est toujours temps de corriger le tir !

Dès lors, je crois que, lorsque l'on sort d'une épreuve aussi dure soit-elle, c'est pour partager un témoignage et affermir les autres. Il doit forcément y avoir au final, un fruit visible et ce n'est surtout pas un bouquet de racines d'amertume !

En cédant à l'amertume, nous sortons du plan de Dieu. Puis, nous tournons en rond, dans une terre aride et desséchée, parce que nous ressassons nos offenses, et nous les partageons sans cesse à qui veut l'entendre ! Et, comme ce « fruit pourri » n'édifie personne, nous nous isolons, nous désertons nos lieux de rassemblements par défiance envers nos conducteurs.

Toutes choses concourent à votre bien !

Nul doute que, chaque individu (chrétien ou non) à une personnalité, et un tempérament qui lui est propre. Nous avons tous des forces et des faiblesses. À moi, Dieu m'a donné, une forte personnalité, ce type de tempérament génère de la persévérance et de la ténacité !

À l'origine, mon premier ouvrage *« Artiste & culture : Et le chrétien dans tout ça ? »* devait être un précis d'histoire de l'art, pour les artistes chrétiens de mon église locale, mais suite à cette mésaventure, j'en ai fait un livre. Ne rien faire du tout, ou passer mon temps à lécher mes plaies, aurait été un vrai échec ! Aussi, ce serait laisser la victoire au diable.

Néanmoins, même en étant une femme forte, j'avais besoin de l'aide spirituelle de Dieu. Durant cette période, j'ai passé beaucoup de temps avec mon Père, en méditant sur la Parole, en priant, et en louant (Hébreux 4.16, Psaumes 73.28 …). De surcroît, j'ai lu également des écrits, qui se rapprochaient de ce que j'avais enduré, pendant toutes ces années.

Artistes chrétiens, Dieu changera le mal en bien !

Durant tout ce temps, je suis restée fidèle à Dieu, à Sa maison et dans mon service. Aussi, je n'ai jamais cessé d'aller à l'église, même si j'ai dû en changer pour prendre un nouveau départ et rentrer dans une nouvelle saison. Après onze bonnes années, il n'était plus possible de rester dans, ce qui a fini par devenir pour moi, un lieu d'*abus spirituel*.

En définitive, Dieu m'a permise de me rapprocher davantage de lui, Il m'a guérit émotionnellement et Il m'a restauré spirituellement (Psaumes 147.3, Romain 8.28, Hébreux 6.10). Mon cœur est totalement libre aujourd'hui !

Dieu est bon, chers artistes chrétiens ! Sachez qu'Il nous prend par la main pour nous relever ! (Psaumes 37.24 ; Proverbes 24.16 ; Jérémie 29.11). Ne vous affligez pas, ne vous découragez pas, ne cédez pas !

Demandez à Dieu de guérir vos blessures, de vous restaurer, de ressusciter vos dons, de vous équiper d'avantage, et de vous mettre en contact avec les bonnes personnes ! Car le moment venu, quelqu'un vous attendra les bras grands ouverts et sera prêt à recevoir votre précieux cadeau.

Bishop Dale Bronner disait: *" Après tout, même avec un crayon de couleur cassé, il est encore possible de colorier ! "*

Message aux églises !

Quoi qu'il en soit, traditionnelle ou moderne, petite ou grande, classique ou d'avant-garde… L'église, ne doit plus être le cimetière des artistes chrétien. Elle ne doit pas leur fermer la porte de son cœur.

L'épouse de **Christ** ne doit pas être *« les pharisiens »* du XXIe siècle ! Elle ne doit pas négliger les artistes chrétiens que Dieu lui envoie ! Elle ne devrait pas non plus, être celle qui rejette les siens !

Ne laissez pas vos artistes se résigner à vous dire : *" Je crains d'avoir inutilement travaillé pour vous "* Bible Galates 4:11

Que vos **Betsaleels** et vos **Oliabs** ne soient pas contraints, à secouer la poussière de leurs pieds, parce que vous ne les avez pas reçus ! (Matthieu 10.11-14).

Le Seigneur aime Son Église, et moi aussi ! On se bat pour ce qu'on aime. Je suis pour l'avancement du royaume ! *« Artiste & culture : Et le chrétien dans tout ça ? »* est un cri dans mon cœur, pour tous ceux qui souffrent ! D'où, la nécessité de libérer cette vérité sans accabler quiconque. Recevez simplement cette exhortation avec un cœur doux, dans l'esprit, et non dans la chair. Aussi, le Saint-Esprit parle aux églises d'aujourd'hui comme dans la Bible en Apocalypse.

La vérité nous rend libre mes bien-aimés et elle nous permet d'avancer !

Apprécions les cadeaux que Dieu place dans nos églises, car ils sont précieux à Ses yeux ! Peut-être que leur étrange emballage, ou ce qu'il délivre de la part du Père vous effraie ? Quand bien même ! Ne les refoulez pas d'un revers de la main, comme une mouche qui vous importune !

Beaucoup d'artistes chrétiens, sont comme des étrangers désorientés qui ne savent plus sur quelle terre (église) atterrir (s'implanter, où trouver leur place).

Je précise cependant, que malgré ce malaise évident, certains lieux de culte encouragent et soutiennent les artistes chrétiens.

Des rapprochements peuvent s'établir entre les églises et les artistes chrétiens, par des expos, des conférences, des mécénats ...

Eglises, sortez de votre zone de confort !

Parfois des chrétiens viennent vers moi et me disent : *« J'aime l'art ! »*

Je suis toujours tentée de leur répondre : *«Ah oui, et quelles expos as-tu vu dernièrement ?»* ou *«Combien es-tu prêt à investir dans une œuvre ? »*, ou encore *« Serais-tu prêt à être le mécène d'un artiste chrétien ? »*.

Une fois, j'ai distribué des cartons d'invitation à une trentaine de frères et sœurs. Seulement, trois sont venus. En comparaison avec des non chrétiens, que je n'avais même pas eu à inviter, dix ont répondu présent.

Notez bien que, je ne dépends pas de la présence de ces personnes, pour assurer le succès d'une exposition collective annuelle comme *« les Portes*

Ouvertes des ateliers des artistes de Belleville » par exemple, car celle-ci draine 50 000 visiteurs chaque année. Je n'en tire donc aucun intérêt personnel. Dieu connaît mon cœur ! C'est juste une bonne occasion pour inviter des chrétiens, dans un milieu qui d'ordinaire, leur est étranger.

Actuellement, dans nos églises, nous cultivons les talents artistiques en faisant de petites choses figuratives ou ordinaires, que nous sommes en mesure de comprendre.

Si c'est du *« live painting »*, nous l'acceptons, mais si c'est de l'art prophétique ou contemporain, nous estimons que ce n'est pas de l'art ! Pourtant, toute grâce excellente et tout don parfait vient de Dieu !

L'Église a laissé les chefs d'œuvres aux grands musées, et le grand art aux galeries d'art. Elle les a remplacés par de petits accessoires religieux standardisés (des petites croix, des Ichthus, des colombes, ou des paysages ornés d'un verset biblique).

En conséquence, l'Église est devenue muette et risible dans le milieu artistique.

QUEL ART ÊTES-VOUS ?

Des artistes chrétiens à la MDA ?!

Vous me direz que depuis ces dernières années, il y a eu du progrès.

Nous avons des bédéistes, des illustrateurs, des collectifs d'artistes qui réalisent des interventions artistiques dans les espaces publiques ou autres. Oui, mais c'est bien trop peu sur les 48 536 Artistes professionnels en France qui cotisent à la Maison des artistes (MDA), répartis en 23 420 affiliés qui vivent de leur art, et 25 116 artistes assujettis à la MDA qui n'en vivent pas et dont je fais partie pour l'instant (Chiffres de la MDA au 31/12/2009).

Nous sommes encore de piètres imitateurs, des artistes chrétiens du dimanche, arborant fièrement nos petites croûtes, qu'on appelle des œuvres inspirées du Saint-Esprit !

Pour preuve, trouver des artistes chrétiens convertis et célèbres sur les six derniers siècles, n'a pas été une chose facile pour la rédaction de mon manuscrit.

QUEL ART ÊTES-VOUS ?

Connectez-vous aux artistes chrétiens...

En lisant mon livre d'histoire de l'art : « Artistes & culture », vous verrez que durant le XXe et le XXIe siècle, il n'y a guère d'artiste chrétiens d'envergure internationale, parce que nous nous contentons de notre petitesse, et de notre médiocrité.

L'artiste chrétien n'a pas de repère artistique oint, c'est aussi pour cela que j'ai écrit *« Artistes & culture »*. C'est pour mettre au premier plan, les rares grands artistes, qui ont été des serviteurs à la louange de la gloire de Dieu (Éphésiens 1.12), ou du moins qui s'en sont rapproché.

Dans le milieu de la musique chrétienne, notamment du Gospel, il y a un grand héritage.

Il y a quelques mois, je regardais **Kirk Franklin** sur You Tube. Il honorait des anciennes figures du gospel, qui étaient ses paires dans la musique chrétienne.

Aujourd'hui **Kirk Franklin** est à son tour un mentor pour la nouvelle génération de chanteurs Gospel contemporains, tels que : **Jonathan McReynolds**, **Anthony Brown**, **Travis Green**, **Todd Dulaney**, **Bri**…

Toutefois, malgré cette foisonnante pépinière d'artistes, il tend à s'inquiéter de la rareté des artistes chrétiens authentiques, dans le milieu du gospel.

Et ouvrez-vous, à l'art !

Aucun des six artistes chrétiens précités dans mon premier livre, n'est parfait. Certains d'entre eux n'ont pas eu une fin héroïque, mais la majorité ont été des héros de la foi. À l'instar de ceux cités en Hébreux 11.

Ainsi, vous comprendrez qu'un artiste chrétien, sans référent artistique spirituel, est comme un orphelin sans héritage. Même si nous sommes cohéritiers avec Christ. Vous comprendrez bien qu'il ne s'agit pas ici, de cet héritage.

Ainsi, les enfants de Dieu négligent l'art visuel. Et, si certains prennent le risque de s'aventurer sérieusement dans cette voie, ils font office de précurseurs dans leur siècle. Car c'est un chemin étroit et difficile que celui du pionnier, qui jalonne un parcours semé d'embûches, et que les potentiels artistes chrétiens ne sont pas prêts à endurer. Même en leur frayant le chemin, certains choisissent des raccourcis, pour aboutir à la médiocrité ou à une réussite éphémère !

C'est ainsi qu'à ce jour, l'Église a peu d'influence dans le domaine culturel.

Artistes, ne vous arrêtez jamais de créer !

Y a-t-il parmi nous des artistes chrétiens, pionniers, et courageux, qui sont prêts à répondre à l'appel de Dieu, comme dans le livre d'Esaïe 6 : 8 ?

Comme ces espions, des artistes chrétiens célèbres ont exploré Canaan, quelques-uns sont montés sur la montagne et ont examiné le pays de l'art. Ils ont vu quels sont les artistes qui l'habitent, s'ils sont nombreux ou non, si le milieu culturel est ouvert ou inaccessible pour les artistes chrétiens, si le champ de l'art est fertile ou pauvre... Ils se sont armés de courage, comme le Seigneur leur a demandé, et ils ont pris quelques informations pour nous les transmettre. Divers domaines de l'art ont été explorés durant ces derniers siècles.

Rembrandt, **Van Eyck**, **Rouault**, **Gaudí**, **Steve Turner**, **John Bunyan**, **C.S Lewis**, **JRR Tolkien**, **Rookmaaker**, **Schaeffer** et quelques autres ont survolé les régions, les secteurs, et toutes les zones de la culture de l'art. Ensuite, ils sont revenus de la vallée d'Eshcol, où ils ont produit quelques œuvres pour nous les présenter, afin que nous sachions que l'art est un bon fruit !

Voici leur rapport :

"Nous sommes allés dans ce pays où il y a une abondance de créativité. C'est un endroit où les professionnels de l'art, sont cultivés et talentueux. Un lieu où les musées et les galeries d'art sont élitistes. Un champ où règnent tous les descendants des géants de l'art, tel que **Anish Kapoor, Daniel Buren, Damien Hirst,** *qui font partie des artistes les plus talentueux de l'art contemporain à ce jour.*

Néanmoins, nous croyons qu'ensemble vous pouvez rentrer dans ce pays culturel, y avoir votre place, et continuer de porter la voix du Seigneur comme nous avons essayé de le faire à notre époque! En effet, il existe des grands de la littérature, des Anaks de la peinture, de la sculpture, de la photo… mais si vous gardez cette mentalité de sauterelle, vous allez droit dans le désert, et vous y resterez longtemps ! Quatre-vingt ans s'il le faut, comme nos pères, et ce, jusqu'à ce que vous ayez l'esprit d'hardiesse qu'avait Caleb et Josué». Paraphrase du livre des Nombres 13:1–14:38

Et Dieu dans tout ça, est-il satisfait de cette situation ? Peut-il se vanter de nous, comme Il se vantait de son serviteur Job ?

Face à ces interrogations, nous devrions être gênés, car nous connaissons malheureusement la réponse. Dieu est lui-même un Créateur (Genèse 1.1). La créativité provoque du changement, et notre chair déteste ce qui est inconfortable.

Durant sa vie **Van Gogh** a créé de nombreuses toiles, mais « Nature morte avec la Bible » est criante de vérité. On peut voir une bible ouverte sur une table, avec une chandelle éteinte.

Dans une de ses lettres destinées à **Émile Bernard**, il dira ceci :

" Mais la consolation de cette Bible si attristante qui soulève notre espoir et notre indignation, nous navre pour de bon, tout outré par sa petitesse et sa folie

contagieuse, la consolation qu'elle contient, comme un noyau dans une écorce dure, une pulpe amère, c'est le Christ ". **Van Gogh**, juin 1888.

Eglises, ouvrez entièrement la porte de vos cœurs aux créatifs ! Artistes, Dieu peut encore vous utiliser mes amis, alors colorez ce monde !

QUEL ART ÊTES-VOUS ?

QUEL ART ÊTES-VOUS ?

Etes-vous un artiste conciliant ?

Pour répondre à cette question, j'ai souhaité attiré votre attention sur le positionnement artistique et la singularité de **Marc Chagall**. Un peintre célèbre, né en 1887 à Liozna, une petite ville de Biélorussie. Il a grandi dans une famille juive hassidique. Sa mère était épicière et son père marchand de harengs, son grand-père était précepteur et chantre à la synagogue. La famille Chagall allait quotidiennement au temple juif. Sa mère lui apprenait à lire et à aimer la Bible, au même titre que la Torah et le Talmud.

Marc Chagall : un artiste juif messianique ?

Avant tout, **Marc Chagall** de son vrai nom **Moïche Zakharovitch Chagalov**, n'a été rattaché à aucun mouvement artistique. Le peintre traversera tous les mouvements artistiques du XXe siècle, sans faire corps avec un groupe, même s'ils les fréquentent, sa peinture vive et colorée, reste un art à part entière, et se veut singulier. **Marc Chagall** était un artiste individualiste.

De même, sa culture judéo-chrétienne, ainsi que le folklore russe seront sa source d'inspiration. Il peint principalement, la condition de la communauté juive persécutée au travers de ses séries de Crucifixions.

Au début du XXe siècle, sa communauté, qui vivait dans un ghetto, fut soupçonnée d'espionnage par l'état-major russe. **Marc Chagall** et sa famille hébergeront souvent des Juifs expulsés, notamment venus de la frontière lituanienne.

Plus tard, l'artiste honorera ses origines *« hassidique »* dans beaucoup de ses œuvres, mais s'affranchira de ce contexte religieux, pour s'exprimer plus librement dans son art. Car la loi juive interdit toute représentation de forme humaine. Sa mère le soutiendra dans sa transgression en l'inscrivant dans une école artistique.

Quoiqu'il en soit, en **1907**, il quittera **Vitebsk**, pour **Saint-Pétersbourg**, la capitale artistique de la Russie à l'époque. C'est une ville où il côtoie des intellectuels, et des artistes juifs. Il y développe son style pictural.

Marc Chagall, un artiste résilient.

Parallèlement à sa carrière artistique, sa vie sera jalonnée d'une succession de conflits mondiaux (la guerre de 14-18, la révolution russe, la 2e guerre mondiale…), ce qui l'obligera à fuir souvent entre Paris, Berlin, Moscou, et les Etats-Unis.

Ainsi, au début des années **1930**, suite à une commande d'illustration de la Bible d'**Ambroise Vollard** (marchand et éditeur de livres), **Marc Chagall** voyage avec sa famille en Palestine.

Mais en 1933, il subira un autodafé de ses œuvres par les nazis à Mannheim.

À partir de 1937, il prend la nationalité française pour **fuir l'antisémitisme de l'Europe centrale.**

Après la 2e guerre mondiale, les œuvres de **Chagall** purent être à nouveau exposées en Europe.

En 1948, il s'installe à Vence, sur la Côte d'Azur, où il aide son ami juif Polonais le sculpteur **Frans Krajcberg** à partir pour le Brésil, sa famille ayant été disséminée pendant la guerre et sa maison occupée.

Durant ces périodes, il gagne en popularité et devient un artiste international, qui expose ses œuvres dans le monde entier.

D'ailleurs, les techniques de l'artiste se diversifient : gravures, mosaïques, vitraux. Il continue de peindre des décors, notamment **le plafond de l'Opéra Garnier**, en 1963.

Chagall, sous la rubrique *« Et le chrétien dans tout ça ? »*

En premier lieu, le peintre devait s'ajouter aux artistes *chrétiens* qui jalonnent « Artistes & culture : et le chrétien dans tout ça ? ».

Certainement, parce que ses œuvres tendent vers un art Judéo-chrétien. D'après ses écrits et ses déclarations, il ne se dit pas chrétien. Cependant, parmi les artistes juifs, c'est lui qui parlera le plus de la Bible et de Jésus dans l'art juif contemporain.

« Certes, si ce n'était pas un chrétien, c'était un peintre biblique alors ? », pensez-vous.

Et bien, pas du tout !

Commençons par son approche singulière, au sujet de la Bible et de **Jésus-Christ** : " *Depuis ma première jeunesse, j'ai été captivé par la Bible. Il m'a toujours semblé et il me semble encore que c'est la plus grande source de poésie de tous les temps. Depuis lors, j'ai cherché ce reflet dans la vie et dans l'Art. La Bible est comme une résonance de la nature et ce secret, j'ai essayé de le transmettre… Pour moi, la perfection dans l'Art et dans la vie est issue de cette source biblique. Sans cet esprit, la seule mécanique de logique et de constructivité dans l'Art comme dans la vie ne porte pas de fruits* ". **Marc Chagall**. Source sur www.servir.caef.net

Effectivement, lors d'un colloque en mai 1963, **Marc Chagall** prononce un discours à Washington, et s'interroge sur la crise morale de l'Occident :

QUEL ART ÊTES-VOUS ?

« … Si nous sommes émus au plus profond de nous-mêmes par la Bible, c'est surtout parce que c'est la plus grande œuvre d'art au monde, qui contient le plus haut idéal de vie sur terre ». Ce texte est le résumé d'une introduction, écrite par François-Jean MARTIN, en vue d'une visite guidée du musée **Marc Chagall** à Nice. L'auteur s'est inspiré du catalogue du "Musée National, Message Biblique, **Marc Chagall**, Nice".

Finalement, pas !

Toutefois, lors de la correction du manuscrit, ma correctrice me conseilla de le retirer de la rubrique : *« et le chrétien dans tout ça ? »*.

Si **Marc Chagall** se rapproche de la franc-maçonnerie vers 1912, sur l'invitation de son ami **Guillaume Apollinaire**, et tend à s'intéresser aux philosophies ésotériques (l'alchimie et la kabbale), il va s'attacher particulièrement à l'analyse des *crucifixions* de Jésus. Dès lors, il mettra en évidence la souffrance du peuple juif avec celui de Jésus sur la croix, dans ses tableaux.

Comme **Rembrandt** avant lui, il tentera d'établir une alchimie et non une *dualité* entre le judaïsme et le christianisme.

En effet, il considérait que si on est sensible, aux souffrances d'un **Christ** d'origine juive, on pourrait comprendre également, les afflictions du peuple juif.

Comme l'illustre, son tableau ci-dessous, de 1938, titré : **La crucifixion blanche** (ou "White Crucifixion").

De la même manière, **Marc Chagall** peint cette œuvre suite à la destruction de la **synagogue de Munich** et de celle de **Nuremberg** appelée : **la nuit de cristal**. Il y associe également la déportation des Juifs de Pologne. La nudité de Jésus est cachée par un châle de prière juive, tandis qu'une **menorah** brûle à ses pieds. Et tout autour de la figure centrale, il y a des scènes de réfugiés fuyant, un village et une synagogue en flammes.

En d'autres termes, **Marc Chagall** ne représente pas les scènes de la Bible et des crucifixions dans leur contexte historique, au contraire, il les représente dans l'actualité contemporaine.

Marc Chagall & Jésus

Pour toutes ces raisons, ses compatriotes juifs, lui ont souvent reproché sa possible conversion au christianisme, tant il était fasciné par Jésus. Il était probablement à la recherche de la révélation de la croix, sur lequel *« Jésus de Nazareth, roi des Juifs »* avait été cloué.

Au cours des années de sa vie, **Marc Chagall** peint une grande série de crucifixions :

*L'artiste avec **Christ jaune** en 1938, **Descente de Croix** en 1941, **Obsession** en 1943, en 1944 **Le crucifié, The White Crucifixion**, en 1948 **Le Christ dans la nuit, Persécution** en 1941, **Christ crucifié et ressuscité, Apocalypse** en **Lilas-Capriccio,Transfiguration Exode, The Blue mariée, Crucifixion mystique** en 1950, **Christ dans l'horloge** en 1960, **Exodus, La crucifixion, Christ,** la **Vierge** et l'**Enfant** en 1966, **Pâques** en 1968, **Calvaire / Golgotha, Déposition de Jésus-Christ, Cathédrale of Reims, Sacrifice d'Isaac, Marc Chagall** et **Jésus,** et **Christ sur la croix** en 1980.*

Dans tous ses tableaux, on peut voir une superposition de sens multiples, toutefois, le thème de la souffrance lié à celui de la guerre est constant.

Chagall à la recherche de la croix ?

Par exemple dans *La crucifixion en jaune* de 1942, **Marc Chagall** s'inspire du tragique épisode du naufrage du Struma dans la mer Noire, au cours duquel plus de 750 réfugiés juifs trouvèrent la mort. Jésus est représenté en croix, et se détache du tableau, affirmant sa judaïté par le talith noué à sa ceinture et par les phylactères, fixés à son bras et à son front.

Vers 1930, la persécution par les nazies envers les Juifs se propageait, le peintre se tourna de nouveau vers la crucifixion, **Marc Chagall** utilise la personne Jésus, comme une métaphore pour les Juifs. Dans certains de ces tableaux, l'artiste se représentera lui-même en train de peindre sur sa toile le crucifié.

Enfin, **Marc Chagall** disait que pour lui, le Christ a été un grand poète, le maître dont la poésie a été oubliée du monde moderne. A ses yeux la figure du Christ symbolise la lumière du martyr, le véritable type du martyr juif.

Marc Chagall: un peintre réconciliateur du monde Judéo-chrétien ?

Grand poète, maître, juif, rebelle, créatif, symbole universel de la souffrance, le Jésus de **Marc Chagall** est un homme sublime qui revient dans ses œuvres d'art comme **« *obsession* »**.

En effet, il dira souvent que tout ce qu'il a créé, était dédié à Israël et au peuple juif.

D'une part, l'artiste voulait montrer à la communauté chrétienne, que les persécutions des Juifs dans l'Holocauste, étaient comparables à la persécution du Jésus juif, sur la croix. Il a vu Jésus sur la croix comme un symbole universel et reconnaissable de la souffrance humaine.

Un pont artistique, entre le judaïsme et le christianisme.

D'autre part, il voulait sensibiliser le monde à regarder la souffrance juive. Le symbole de Jésus sur la croix est si puissant, qu'il n'est pas resté indifférent, à **Marc Chagall**. C'est aussi une façon de lutter contre l'indifférence humaine et l'antisémitisme, il était nécessaire que tous comprennent l'histoire et les traditions juives.

Certains ont affirmé, que **Marc Chagall** était le seul artiste juif de sa génération, à engager une autre tradition religieuse sans trahir la sienne.

D'autres diront, que Marc Chagall n'était pas le seul artiste juif, à utiliser Jésus crucifié dans la peinture. **Adolph Gottlieb, Emmanuel Mané-Katz, Max Weber, Samuel Bak, Mark Antokolsky, Max Liebermann, Abraham Rattner, et Mark Rothko en ont parlé.** Néanmoins, aucun de ces artistes n'a abordé le Christ autant que **Marc Chagall**.

Finalement, le travail de la vie de **Marc Chagall** respire la fraîcheur, et le mysticisme. Ainsi, il utilise des symboles, pour communiquer à la fois sa culture juive-russe et ses émotions.

En définitive, **Chagall** finit sa vie à Saint-Paul-de-Vence, célèbre et reconnu mondialement.

Pour la commande des vitraux de la cathédrale de Reims, Marc Chagall proposera une mise en scène allégorique entre Abraham le père de la foi et Jésus-Christ le sauveur. Deux grandes figures de l'ancien et du Nouveau Testament réunis. Les moments clés de la vie d'Abraham sont représentés : son alliance avec Yahvé, et sa filiation avec le Christ crucifié, qui accomplit l'œuvre du salut. Ainsi le troisième élément, une tombe vivante qui se manifeste dans le rouge de la gloire, évoquant le sang de l'Agneau, le sang de Jésus.

QUEL ART ÊTES-VOUS ?

QUEL ART ÊTES-VOUS ?

Vos œuvres sont-elles durables ?

L'écrivain-philosophe, **Joseph Ernest Renan** disait : *« Tout ce que nous faisons, tout ce que nous sommes, est l'aboutissement d'un travail séculaire »*. Probablement ! Mais, est-ce un passeport pour l'éternité ? Y a-t-il *plus* qu'un héritage artistique ? **Anna Mary Robertson Moses, Manuel Álvarez Bravo, Pierre Soulages, Julian Phelps Allan, Will Barnet, Ruth Bernhard, Sylvia Daoust, Hans Erni, Tōkō Shinoda, Beta Vukanović, Yuki Ogura**... Voici une liste non exhaustive, de célèbres artistes centenaires. Pourtant, bien que l'œuvre de l'artiste centenaire semble se pérenniser dans le temps, elle n'est pas éternelle. Pour appuyer cette affirmation, je vous expose une réflexion plutôt singulière.

Artiste centenaire, super-centenaire…

Hormis d'avoir cent ans ou plus, le centenaire devient super-centenaire, quand il a atteint ou a dépassé son 110 ème anniversaire. Cela tient du miracle, puisque, selon les statistiques, cela équivaut à 1 pour 1000.

À ce jour, la personne la plus âgé au monde, fût la doyenne de l'Humanité Jeanne Calment, partie en 1995, à sa 122 ème année.

Depuis, le Japonais Chitetsu Watanabe, âgé de 112 ans, lui a succédé.

D'ailleurs, le Japon est le pays de la longévité : sur 50 personnes les plus âgées au monde, 22 sont japonaises.

De même que l'artiste centenaire, **Toko Shinoda**, qui compte parmi les 65.000 centenaires Nippons (C'est trois fois plus qu'en France, qui en dénombre : 21.000).

Peu nous importe les records de longévité, tous ces anciens, ont bénéficié d'une *grâce divine* !

La longévité de l'artiste centenaire : une vanité ?

- Toko Shinoda et l'encre de Chine

Quoi qu'il en soit, cette *grâce divine* séculaire a fait de **Toko Shinoda**, une *Hyakunensai* très active, à 106 ans.

À l'instar de Pierre Soulages, cette artiste centenaire, peint encore. Et toujours à l'encre de Chine, comme il y a un siècle. Effectivement, elle a commencé à peindre à l'encre noire, à l'âge où les enfants jouent encore à la poupée !

Suite à de riches rencontres artistiques, durant son séjour à New York, avec des artistes tels que **Pollock**, **Rothko**... Elle retourna vivre au Japon, victime du mal du pays.

- Grandma Moses : l'artiste centenaire *« late bloomer ».*

Grandma Moses de son vrai nom Anna Mary Robertson Moses, est une artiste centenaire hors pair.

QUEL ART ÊTES-VOUS ?

Ne pouvant plus pratiquer son métier de brodeuse, pour des raisons de santé, elle réalisa son rêve d'être artiste peintre, à l'âge de 70 ans !

Sa nouvelle carrière artistique fut un grand succès. A tel point, que 45 ans après sa mort (en 1961), son œuvre majeure : ***Sugaring Off*** a été vendu, à 1,2 million de dollars !

- Boris Efimov, presque super-centenaire !

Né à Kiev en 1900, cet artiste centenaire, disparaîtra en octobre 2008 à Moscou, comme une ironie du sort …

Contrairement à **Honoré Daumier**, l'artiste satirique français, **Boris Friedland** de son vrai nom, fût un dessinateur célèbre pour ses caricatures propagandiste, publiées dans la presse russe.

A première vue, Boris Friedland est l'artiste visuel, le plus âgé des artistes centenaires répertorié.

- Pierre Soulages : Black is beautiful ?

Au zénith de sa carrière, le peintre-graveur français **Pierre Soulages**, a récemment fêté ses 100 printemps. Alors, pour marquer l'événement, les musées tels que le Louvre, ont présenté au public, une rétrospective du travail de l'artiste centenaire, de 1944 à 2004.

Pourtant, ce fidèle défenseur de l'art abstrait, peint toujours dans son atelier, à Sète.

Dès lors, **Pierre Soulages**, ne brille pas seulement par sa longévité, mais également par l'estimation de ses toiles. En 2018, l'une d'entre elles a été estimée aux Etats Unis, à 10 300 000 dollars !

De ce fait, ses œuvres informels ont encore la côte, et génèrent de gros gains.

Mais il y a bien plus…

Plus !? La protection des droits d'auteur ?

Artiste centenaire ou non, si l'on considère que la **propriété intellectuelle**, comprend les droits exclusifs, accordés sur des créations intellectuelles (dont la propriété littéraire et artistique), il ne faut pas trop compter sur sa pérennité !

En effet, que ce soit, à l'échelle internationale, européenne ou nationale, l'œuvre de l'artiste ne lui appartient pas éternellement.

Officiellement : *« La transposition de la directive européenne du 29 octobre 1993 relative à la durée de la protection des droits d'auteur est intervenue en France avec la loi du 27 mars 1997. Cette loi porte la durée de protection des droits d'auteur à 70 ans post-mortem au lieu de 50 ans, ce qui signifie que 70 ans après le décès de l'auteur, l'œuvre tombe dans le domaine public. Cette loi, qui devait tendre à une harmonisation des législations européennes sur la durée de la protection des droits d'auteur, a suscité davantage de difficultés qu'elle n'en a résolu ».*

Au final, rien ne dure vraiment.

Face à cette fatalité, il y a une solution !

En réalité, la solution est plus philosophique que juridique. Ainsi, que l'on soit profane ou non, le livre de l'Ecclésiaste, à forcément édifier tous ceux qui l'ont consulté.

Dès lors, je vous invite à vous plonger dans 2 extraits (paraphrasés), écris par le roi-philosophe Salomon :

« *Avant d'être un artiste centenaire, j'ai dit en mon cœur : Allons! Je t'éprouverai par la joie, et tu goûteras le bonheur. Et voici, c'est encore là une vanité. 2J'ai dit du rire: Insensé! Et de la joie: A quoi sert-elle? 3Je résolus en mon cœur de livrer ma chair au vin, tandis que mon cœur me conduirait avec sagesse, et de m'attacher à la folie jusqu'à ce que je visse ce qu'il est bon pour les fils de l'homme de faire sous les cieux pendant le nombre des jours de leur vie. 4J'exécutai de grands ouvrages: je me bâtis des œuvres et des maisons; je me plantai des vignes; 5je me fis des jardins et des vergers, et j'y plantai des arbres à fruit de toute espèce; 6je me créai des étangs, pour arroser la forêt où croissaient les arbres. 7J'achetai des serviteurs et des servantes, et j'eus leurs enfants nés dans la maison; je possédai des troupeaux de bœufs et de brebis, plus que tous les artistes qui étaient avant moi dans Jérusalem. 8Je m'amassai de l'argent et de l'or, et les richesses des rois et des provinces. Je me procurai des chanteurs et des chanteuses, et les délices des fils de l'homme, des femmes en grand nombre. 9Je devins un grand artiste centenaire, plus grand que tous les artistes qui étaient avant moi dans Jérusalem. Et même ma sagesse demeura avec moi. 10Tout ce que mes yeux avaient désiré, je ne les en ai point privés; je n'ai refusé à mon cœur aucune joie; car mon cœur prenait plaisir à tout mon travail, et c'est la part qui m'en est revenue. 11Puis, j'ai considéré tous les ouvrages que mes mains avaient faits, et la peine que j'avais prise à les exécuter;* **et voici, tout est vanité et poursuite du vent, et il n'y a aucun avantage à tirer de ce qu'on fait sous le soleil ».**

Artiste centenaire : un constat navrant ?

« 12Alors j'ai tourné mes regards vers la sagesse, et vers la sottise et la folie. -Car que fera l'homme qui succédera au plus grand artiste centenaire? Ce qu'on a déjà fait. 13Et j'ai vu que la sagesse a de l'avantage sur la folie, comme la lumière a de l'avantage sur les ténèbres; 14le sage a ses yeux à la tête, et l'insensé marche dans les ténèbres. Mais j'ai reconnu aussi qu'ils ont l'un et l'autre un même sort. 15Et j'ai dit en mon cœur : J'aurai le même sort que l'insensé; pourquoi donc ai-je été plus sage? Et j'ai dit en mon cœur que c'est encore là une vanité. 16Car la mémoire du sage n'est pas plus éternelle que celle de l'insensé, puisque déjà les jours qui suivent, tout est oublié. Eh quoi! Le sage meurt aussi bien que l'insensé! 17Et j'ai haï la vie, car ce qui

se fait sous le soleil m'a déplu, car tout est vanité et poursuite du vent. 18J'ai haï tout le travail que j'ai fait sous le soleil, et dont je dois laisser la jouissance à l'homme qui me succédera. 19Et qui sait s'il sera un artiste centenaire, un sage ou un insensé? Cependant il sera maître de tout mon travail, de tout le fruit de ma sagesse sous le soleil. C'est encore là une vanité. 20Et j'en suis venu à livrer mon cœur au désespoir, à cause de tout le travail que j'ai fait sous le soleil. 21Car tel homme a travaillé avec sagesse et science et avec succès, et il laisse le produit de son travail à un homme qui ne s'en est point occupé. C'est encore là une vanité et un grand mal. 22Que revient-il, en effet, à l'homme de tout son travail et de la préoccupation de son cœur, objet de ses fatigues sous le soleil? 23Tous ses jours ne sont que douleur, et son partage n'est que chagrin; même la nuit son cœur ne repose pas. C'est encore là une vanité. 24Il n'y a de bonheur pour l'homme qu'à manger et à boire, et à faire jouir son âme du bien-être, au milieu de son travail; mais j'ai vu que cela aussi vient de la main de Dieu. 25Qui, en effet, peut manger et jouir, si ce n'est moi? 26Car il donne à l'homme qui lui est agréable la sagesse, la science et la joie; mais il donne au pécheur le soin de recueillir et d'amasser, afin de donner à celui qui est agréable à Dieu. C'est encore là une vanité et la poursuite du vent ».

Epilogue :

Ecclésiaste 12 : «[1] *Moi, l'artiste centenaire, je te dis à toi jeune homme, réjouis-toi dans ton jeune âge, et que ton cœur te rende content aux jours de ta jeunesse ; marche comme ton cœur te mène et selon le regard de tes yeux. Mais sache que pour toutes ces choses Dieu te fera venir en jugement.* [2] *Bannis le chagrin de ton cœur et éloigne de ta chair la souffrance, car la jeunesse et l'aurore sont vanité.* [3] *Souviens-toi de ton Créateur pendant les jours de ta jeunesse, avant que viennent les jours mauvais et qu'arrivent les années dont tu diras : Je n'y prends point de plaisir !* [4] *avant que s'obscurcissent le soleil et la lumière, la lune et les étoiles, et que les nuages reviennent après la pluie ;* [5] *alors que les gardiens de la maison tremblent, que les hommes forts fléchissent ; avant que les meunières soient oisives, parce que leur nombre est réduit ; que celles qui regardent par les fenêtres se voilent,* [6] *que les deux battants de la porte se ferment sur la rue ; quand le bruit de la meule baisse et devient comme la voix d'un petit oiseau, et que toutes les filles du chant s'affaiblissent ;* [7] *alors aussi on s'effraie des hauteurs et l'on a peur en marchant ; l'amandier pousse ses fleurs, la sauterelle devient pesante et la câpre est sans effet, car l'homme s'en* *va vers sa demeure éternelle, et les pleureuses parcourent les rues ; [8] avant que le cordon d'argent se détache et que le vase d'or se rompe, que le seau se casse sur la fontaine et que la roue brisée tombe dans le puits, [9] et que la poussière retourne dans la terre, comme elle y avait été, et que l'esprit retourne à Dieu qui l'a donné ! [10] Vanité des vanités, dit l'artiste centenaire, tout est vanité ! [11] Comme d'ailleurs l'artiste centenaire était sage, il a enseigné aussi la science au peuple ; il a médité et scruté, et il a composé de nombreuses maximes. [12] L'artiste centenaire s'est appliqué à trouver des paroles agréables ; elles ont été écrites avec droiture, ce sont des paroles de vérité. [13] Les paroles des sages sont comme des aiguillons et les collections de sentences sont comme des clous bien plantés ; ils sont donnés par un seul berger. [14] Au reste, mon fils, sois sur tes gardes ! On fait des livres à n'en pas finir, et trop étudier fatigue le corps. [15] Ecoutons donc le résumé de tout le discours : Crains Dieu et garde ses commandements, car c'est là le tout pour l'homme. [16] Car Dieu fera venir en jugement toute œuvre, tout ce qui est caché, soit bien, soit mal ».*

Amis artistes, suite à cette réflexion, une question fondamentale se pose à vous… dans l'hypothèse qu'un jour vos œuvres trouvent leur place dans un musée, de manière permanente : **Savez-vous où vous vous allez passer votre éternité ?**

QUEL ART ÊTES-VOUS ?

Aspirez-vous à devenir un artiste célèbre ?

Nos yeux contemplent les œuvres de grands artistes depuis des siècles, qui sont en vérité, une création humaine. Ces œuvres tendent à nous rapprocher de Dieu, elles emmènent un peu de ciel sur la terre, un peu de rose dans nos grisailles...

Et Pourtant... Bien que les œuvres d'art demeurent de vrais chefs-d'œuvre, elles sont faites de main d'homme et de femmes que Dieu a créées. Ainsi, gardons en mémoire que Dieu demeure le plus grand et l'*unique* Créateur de toutes choses.

Découvrons dans ce dernier chapitre, sa réponse aux plaintes de Job.

JOB 38

1 **Alors, du sein de la tempête, l'Éternel répondit à Job** : « 2 Qui donc obscurcit mes desseins par des discours sans connaissance ? 3 Mets ta ceinture, comme un brave : je vais te questionner et tu m'enseigneras. 4 Où étais-tu quand je posai les fondations du monde ? Déclare-le, puisque ta science est si profonde ! 5 Qui en a fixé les mesures, le sais-tu donc ? Qui a tendu sur lui le cordeau d'arpenteur ? 6 Dans quoi les socles de ses colonnes s'enfoncent-ils ? Qui en posa la pierre principale, la pierre d'angle, 7 quand les étoiles du matin éclataient, unanimes, dans des chants d'allégresse, et que tous les anges de Dieu poussaient des cris de joie ? 8 Qui a enfermé l'océan par une porte à deux battants quand il a jailli, bondissant du sein maternel de la terre, 9 lorsque je fis, de la nuée, son vêtement, et de l'obscurité ses langes, 10 quand je lui imposai ma loi pour briser son élan, quand je plaçai verrous et portes 11 en lui disant : « *C'est jusqu'ici que tu iras, et pas plus loin, ici s'arrêteront tes flots impétueux* » ?

« 12 As-tu, un seul jour de ta vie, commandé au matin et assigné sa place à l'aube 13 pour qu'elle se saisisse des extrémités de la terre et qu'elle en secoue les méchants ? 14 Alors, la terre est transformée comme l'argile sous l'empreinte, et toutes choses sont parées comme d'un vêtement. 15 Mais les méchants se voient privés de leur lumière et le bras levé est brisé ».

« 16 Es-tu parvenu jusqu'aux sources qui font jaillir les mers ? Ou t'es-tu promené dans les profondeurs de l'abîme ? 17 Les portes de la mort ont-elles paru devant toi ? As-tu vu les accès du royaume des ombres ? 18 As-tu embrassé du regard l'étendue de la terre ? Dis-le, si tu sais tout cela. 19 De quel côté est le chemin vers le séjour de la lumière, et les ténèbres, où donc ont-elles leur demeure, 20 pour que tu puisses les saisir là où elles se séparent et bien comprendre les sentiers de leur habitation ? 21 Tu dois connaître tout cela, puisque tu étais déjà né, et que tes jours sont si nombreux ! 22 As-tu visité les greniers qui recèlent la neige, et les dépôts de grêle, les as-tu vus ? 23 Je les tiens en réserve pour les temps de détresse, les jours de lutte et de combat. 24 Par quelle voie se répand la lumière ? Par où le vent d'orient envahit-il la terre ? 25 Qui ouvre le passage pour les torrents de pluie ? Qui a frayé la voie aux éclairs de l'orage, 26 faisant tomber la pluie sur une terre inhabitée, sur un désert inoccupé, 27 pour arroser les solitudes et les régions arides, pour faire germer l'herbe et pousser la verdure ? 28 La pluie a-t-elle un père ? Et qui donc a fait naître les gouttes de rosée ? 29 De quel sein sort la glace, qui a donné naissance au blanc frimas des cieux ? 30 Qui donc durcit les eaux et les transforme en pierre ? Qui fait que la surface des flots se fige ? 31 Peux-tu nouer les cordes des Pléiades ou desserrer les cordages d'Orion ? 32 Fais-tu paraître les constellations en leur temps ? Conduis-tu la Grande Ourse et ses étoiles secondaires? 33 Sais-tu par quelles lois le ciel est gouverné ? Est-ce toi qui donnes à la terre l'ordre qui la régit ? 34 Te suffit-il d'ordonner aux nuages pour que des trombes d'eau se déversent sur toi ? 35 Les éclairs partent-ils à ton commandement te disant : *«Nous voici »* ?

« 36 Qui a implanté la sagesse au cœur de l'homme et le discernement en son esprit ? 37 Qui a la compétence pour compter les nuages et qui peut incliner les amphores du ciel 38 pour agréger en glèbe la poussière, et pour souder les mottes de la terre ? 39 Peux-tu chasser la proie pour la lionne ? Apaises-tu la faim des lionceaux 40 quand ils sont tous tapis au fond de leurs tanières, quand ils sont à l'affût dans les taillis épais ? 41 Qui donc prépare au corbeau sa pâture quand ses oisillons crient vers Dieu, et sont errants, sans nourriture ? »

JOB 39

« 1 Connais-tu le moment où les chamois enfantent ? Et as-tu observé les biches en travail ? 2 As-tu compté combien de mois dure leur gestation ? Et connais-tu l'époque où elles mettent bas, 3 quand elles s'accroupissent, déposent leurs petits et sont délivrées des douleurs ? Pour trouver sa pâture, cherchant à repérer des traces de verdure. 9 Le buffle voudra-t-il se mettre à ton service ? Passera-t-il ses nuits dans ton étable ? 10 Lui feras-tu suivre un sillon en l'attachant avec des cordes ? Va-t-il traîner la herse derrière toi dans les vallons ? 11 Mettras-tu ta confiance dans sa force extraordinaire ? Et lui remettras-tu le soin de tes travaux ? 12 Compteras-tu sur lui pour moissonner ton grain, et pour engranger ta récolte ? 13 Les ailes de l'autruche se déploient avec joie, mais son aile et ses plumes ne sont pas comparables à celles des cigognes. 14 Car l'autruche abandonne ses œufs dans la poussière, et laisse au sable chaud le soin de les couver, 15 ne pensant pas à ceux qui marcheraient dessus, aux animaux sauvages qui les piétineraient. 16 Elle est sans cœur pour ses petits comme s'ils n'étaient pas les siens, et elle ne s'inquiète pas d'avoir peiné en vain. 17 Pourquoi ? Parce que Dieu l'a privée de sagesse, et que l'intelligence ne lui est pas donnée. 18 Mais qu'elle se redresse et prenne son élan, pour elle c'est un jeu de laisser derrière elle cheval et cavalier. 19 Serait-ce toi qui donnes la puissance au cheval ? Ou est-ce toi qui pares son cou d'une crinière ? 20 Ou le fais-tu bondir comme la sauterelle ? Son fier hennissement inspire la frayeur ! 21 Dans le vallon, il piaffe, tout joyeux de sa force. Le voilà qui s'élance en plein dans la mêlée. 22 Il se rit de la peur et ne s'effraie de rien. Il ne recule pas en face de l'épée, 23 lorsqu'au-dessus de lui cliquette le carquois, la lance étincelante ou bien le javelot. 24 Tout frémissant d'ardeur, il dévore l'espace, il ne tient plus en place dès qu'il a entendu le son du cor. 25 Dès qu'il entend la charge, il hennit : « *En avant* », lorsqu'il est loin encore, il flaire la bataille, la voix tonitruante des commandants de troupes et les cris des guerriers. 26 Serait-ce grâce à ton intelligence que l'épervier prend son essor et qu'il déploie ses ailes en direction du sud ? 27 Serait-ce à ton commandement que l'aigle monte dans les airs et qu'il bâtit son nid sur les sommets ? 28 Il fait du rocher sa demeure, et établit sa forteresse sur une dent rocheuse. 29 De là-haut, il épie sa proie, de loin, ses regards la découvrent. 30 Ses petits s'abreuvent de sang. Où que soient les cadavres, il est présent. »

JOB 40

1 **L'Éternel demanda alors à Job** : 2 Celui qui intente un procès au Tout-Puissant a-t-il à critiquer ? Celui qui conteste avec Dieu, a-t-il quelque chose à répondre ? 3 **Job répondit alors** : 4 *Je suis trop peu de chose, que te répliquerais-je ? Je mets donc la main sur la bouche. 5 J'ai parlé une fois, je ne répondrai plus. Et j'ai même insisté une deuxième fois, je n'ajouterai rien »*.

6 **Alors, du sein de la tempête, l'Éternel dit à Job** : 7 « Mets ta ceinture comme un brave, je vais te poser des questions et tu m'enseigneras. 8 Veux-tu vraiment prétendre que je ne suis pas juste ? Veux-

tu me condamner pour garantir ton innocence ? 9 As-tu un bras tel que celui de Dieu ? Ta voix peut-elle égaler mon tonnerre ? 10 Va te parer d'honneur et de grandeur et revêts-toi de splendeur et de gloire ! 11 Répands les flots de ton indignation et, d'un regard, courbe tous les hautains ! 12 Que ton regard les fasse plier tous, et les méchants, écrase-les sur place ! 13 Dans la poussière, va les enfouir ensemble ! Enferme-les dans la nuit du tombeau! 14 Alors, moi-même je te rendrai hommage, car ta victoire sera due à ta main. 15 Regarde donc : voici l'hippopotame. Je l'ai créé tout aussi bien que toi. Comme le bœuf, il se nourrit de l'herbe. 16 Vois quelle force réside dans sa croupe ! Quelle vigueur dans ses muscles des flancs ! 17 Il plie sa queue, solide comme un cèdre. Et les tendons sont tressés dans ses cuisses. 18 Ses os ressemblent à des barreaux de bronze, son ossature à des tasseaux de fer. 19 C'est le chef-d'œuvre de Dieu, son créateur qui lui impose le respect par le glaive. 20 Des monts entiers produisent son fourrage, là où s'ébattent les animaux sauvages. 21 Il dort à l'ombre caché dans les lotus, sous le couvert des roseaux du marais. 22 Il est couvert par l'ombre des lotus, les peupliers du torrent le protègent. 23 Si l'eau déborde, il ne s'en émeut pas. Si le Jourdain se jette dans sa gueule, il reste calme et en sécurité. 24 Va-t-on le prendre à face découverte et l'entraver en lui perçant le mufle ? 25 Iras-tu prendre avec ton hameçon le crocodile ? Pour le tirer de l'eau vas-tu lier sa langue avec ta ligne ? 26 Lui mettras-tu un jonc dans les naseaux ? Perceras-tu d'un crochet sa mâchoire ? 27 Te fera-t-il de nombreuses prières ? Te dira-t-il doucement des tendresses ? 28 Conclura-t-il une alliance avec toi ? »

« Ou pour jouet comme un petit oiseau ? Le lieras-tu pour amuser tes filles ? 30 Des associés le mettront-ils en vente ? Des commerçants le partageront-ils ? 31 Vas-tu cribler de dards sa carapace ? Vas-tu barder sa tête de harpons ? 32 Attaque-le et tu te souviendras de ce combat, tu n'y reviendras plus ! »

JOB 41

« 1 Vois, devant lui, tout espoir de le vaincre est illusoire. A sa vue seule, on sera terrassé. 2 Nul n'osera exciter sa colère. Qui donc alors pourrait me tenir tête ? 3 Qui m'a prêté pour que j'aie à lui rendre ? Tout est à moi sous l'étendue des cieux. 4 Je ne veux pas me taire sur ses membres, et je dirai sa force incomparable, et la beauté de sa constitution. 5 Qui a ouvert par devant son habit ?

Qui a franchi les deux rangs de ses dents ? 6 Qui a forcé les battants de sa gueule ? Ses crocs aigus font régner la terreur. 7 Majestueuses sont ses rangées d'écailles. Bien assemblées comme des boucliers, 8 articulées les unes sur les autres, et aucun souffle ne pourrait s'y glisser : 9 soudées ensemble, chacune à sa voisine, elles se tiennent et sont inséparables. 10 Il éternue : c'est un jet de lumière. Ses yeux ressemblent aux paupières de l'aube. 11 Des étincelles jaillissent de sa gueule, ce sont des gerbes de flammes qui s'échappent. 12 De ses narines la fumée sort en jets comme d'un pot ou d'un chaudron bouillant. 13 Son souffle embrase comme un charbon ardent et, de sa gueule, une flamme jaillit. 14 C'est dans son cou que sa vigueur réside, et la terreur danse au-devant de lui. 15 Qu'ils sont massifs, les replis de sa peau ! Soudés sur lui, ils sont inébranlables. 16 Son cœur est dur, figé comme une pierre il est durci comme une meule à grain. 17 Quand il se dresse, les plus vaillants ont peur. Ils se dérobent, saisis par l'épouvante. 18 L'épée l'atteint sans trouver nulle prise, la lance même, la flèche et la cuirasse ne servent pas à celui qui l'approche. 19 Pour lui, le fer est comme de la paille, il prend le bronze pour du bois vermoulu. 20 Les traits de l'arc ne le font jamais fuir et les cailloux qu'on lance avec la fronde ne sont pour lui que des fétus de paille. 21 Oui, la massue est un brin de roseau, et il se rit du sifflement des lances. 22 Son ventre, armé de tessons acérés, est une herse qu'il traîne sur la vase. 23 Les eaux profondes, il les fait bouillonner comme un chaudron. Il transforme le lac, lorsqu'il y entre, en un brûle-parfum. 24 Il fait briller après lui son sillage. Les flots paraissent couverts de cheveux blancs. 25 Nul n'est son maître ici-bas sur la terre. Il fut créé pour ne rien redouter. 26 Il voit sans peur les puissants mastodontes. Il est le roi des plus fiers animaux. »

JOB 42.1-6

1 **Job répondit alors à l'Éternel** : « *2 Je sais que tu peux tout, et que rien ne saurait t'empêcher d'accomplir les projets que tu as conçus. 3 « Qui ose, disais-tu, obscurcir mes desseins par des discours sans connaissance ? » Oui, j'ai parlé sans les comprendre de choses merveilleuses qui me dépassent et que je ne connaissais pas. 4 «Écoute, disais-tu, c'est moi qui parlerai : je vais te questionner, et tu m'enseigneras». 5 Jusqu'à présent j'avais seulement entendu parler de toi. Mais maintenant, mes yeux t'ont vu. 6 Aussi je me*

condamne, je regrette mon attitude en m'humiliant sur la poussière et sur la cendre. »

J'espère que vous avez aimé cet ouvrage ☺

Merci par avance pour vos commentaires sur *Amazon* !

QUEL ART ÊTES-VOUS ?

TABLE DES ILLUSTRATIONS

L'illustration et l'image de cet ouvrage sont libres de droits. Je remercie leurs propriétaires de m'avoir accordé l'autorisation d'utilisation.

Photo de la couverture du livre

Photo de *florian-klauer-mk7D-4UCfmg-unsplash (1)*

QUEL ART ÊTES-VOUS ?

IMPRIME EN FRANCE

1er Dépôt légal : https://cleo-sgdl.com – Mai 2020

ISBN : 978-2-491150-05-1

QUEL ART ÊTES-VOUS ?